北大版对外汉语教材·基础教程系列

风光汉语

初级口语 I

FENGGUANG HANYU

丛书主编／齐沪扬
丛书副主编／张新明　吴　颖
编　　著／张　欣
英文翻译／李　沛
韩文翻译／朴　星

北京大学出版社
PEKING UNIVERSITY PRESS

图书在版编目（CIP）数据

风光汉语：初级口语 Ⅰ / 张欣编著. —北京：北京大学出版社，2009.9
（北大版对外汉语教材·基础教程系列）
ISBN 978-7-301-15705-3

Ⅰ. 风… Ⅱ. 张… Ⅲ. 汉语-口语-对外汉语教学-教材 Ⅳ.H195.4

中国版本图书馆CIP数据核字（2009）第154200号

书　　　名：	风光汉语：初级口语 Ⅰ
著作责任者：	张　欣　编著
责 任 编 辑：	旷书文　欧慧英
标 准 书 号：	ISBN 978-7-301-15705-3/H·2305
出 版 发 行：	北京大学出版社
地　　　址：	北京市海淀区成府路205号　100871
网　　　址：	http：//www.pup.cn
电 子 信 箱：	zpup@pup.pku.edu.cn
电　　　话：	邮购部 62752015　发行部 62750672　出版部 62754962　编辑部 62752028
印 刷 者：	北京宏伟双华印刷有限公司
经 销 者：	新华书店
	787毫米×1092毫米　16开本　18.75印张　360千字
	2009年9月第1版　2017年9月第3次印刷
定　　　价：	52.00元（附1张MP3）

未经许可，不得以任何方式复制或抄袭本书之部分或全部内容。
版权所有，侵权必究
举报电话：010-62752024　　电子信箱：fd@pup.pku.edu.cn

前　言

随着社会经济的发展，旅游日益成为人们生活中密不可分的重要部分。世界各地和中国都有着丰富的旅游资源，来中国旅游的外国游客数量逐年递增，中国公民的境外游人数也以惊人的速度上升。据世界旅游组织预测，到2020年，中国将成为世界上第一大旅游目的地国和第四大客源输出国。这种不断发展的新态势，促使日益兴旺的对外汉语教学事业需要朝着多元化的方向发展：不仅要满足更多的外国人学习汉语的需要，而且还要培养出精通汉语，知晓中国文化，并能够用汉语从事旅游业工作的专门人才。大型对外汉语系列教材《风光汉语》，正是为顺应这一新态势而编写的。

上海师范大学对外汉语学院设有HSK（旅游）研发办公室。作为国家级重点项目"汉语水平考试（旅游）"的研发单位，依靠学院自身强大的学科优势与科研力量，经过详尽的调查分析与严密的科学论证，制定出"HSK [旅游] 功能大纲"和"HSK [旅游] 常用词语表"，为编写《风光汉语》奠定了重要的基础。而学院四十多年的对外汉语教育历史和丰富的教学经验，以及众多专家教授的理论指导和精心策划，更是这套教材得以遵循语言学习规律，体现科学性和适用性的根本保证。

上海师范大学对外汉语学院2005年申报成功上海市重点学科"对外汉语"。在重点学科的建设过程中，我们深刻地认识到教材的编写与科学研究的支撑是分不开的。HSK（旅游）的研发为教材的编写提供了许多帮助，可以这么说，这套教材就是HSK（旅游）科研成果的转化形式。我们将这套教材列为重点学科中的科研项目，在编写过程中给予经费上的资助，从而使教材能够在规定的期限内得以完成。

从教材的规模上说，《风光汉语》是一套体系完整的对外汉语教材，共分26册。从教材的特点上说，主要体现在以下几个方面：

一、系统性

在纵向系列上，共分为六个等级：初级Ⅰ、初级Ⅱ；中级Ⅰ、中级Ⅱ；高级

Ⅰ、高级Ⅱ。各等级在话题内容、语言范围和言语技能的编排顺序上，是螺旋式循环渐进的。

在横向系列上，各等级均配有相互协调的听、说、读、写等教材。在中、高级阶段，还配有中国社会生活、中国文化等教材。

因此，这套教材既可用作学历制教育本科生的主干教材，也适用于不同汉语学习层次的长期语言生。

二、功能性

教材以"情景-功能-结构-文化"作为编写原则，课文的编排体例以功能带结构，并注重词汇、语法、功能项目由浅入深的有序渐进。

此外，在着重培养学生汉语听、说、读、写的基本技能，以及基本言语交际技能的前提下，突出与旅游相关的情景表现（如景区游览、组织旅游、旅游活动、饭店实务等），并注重其相关功能意念的表达（如主客观的表述、旅游社交活动的表达、交际策略的运用等），努力做到语言训练与旅游实务的有机统一。

三、现代性

在课文内容的编写方面，注重在交际情景话题的基础上，融入现代旅游文化的内容。同时，较为具体地介绍中国社会的各个侧面、中国文化的主要表现与重要特征，以使教材更具创新性、趣味性、实用性和现代感。

四、有控性

教材力求做到词汇量、语法点、功能项目分布上的均衡协调、相互衔接，并制定出了各等级的词汇、语法和功能项目的范围与数量：

● 词汇范围

初级Ⅰ、Ⅱ以汉语词汇等级大纲的甲级词（1033个）、部分乙级词和HSK（旅游）初级词语表（1083个）为主，词汇总量控制在1500-2000个之间。

中级Ⅰ、Ⅱ以汉语词汇等级大纲的乙级词（2018个）、部分丙级词和HSK（旅游）中级词语表（1209个）为主，词汇总量（涵盖初级Ⅰ、Ⅱ）控制在3500-4000个之间。

高级Ⅰ、Ⅱ以汉语词汇等级大纲的丙级词（2202个）、部分丁级词和HSK（旅游）高级词语表（860个）为主，词汇总量（涵盖初级Ⅰ、Ⅱ和中级Ⅰ、Ⅱ）控制在5500-6000个之间。

● 语法范围

初级Ⅰ、Ⅱ以汉语语法等级大纲的甲级语法大纲（129 项）为主。

中级Ⅰ、Ⅱ以汉语语法等级大纲的乙级语法大纲（123 项）为主。

高级Ⅰ、Ⅱ以汉语语法等级大纲的丙级语法大纲（400 点）为主。

● 功能范围

初级Ⅰ、Ⅱ以 HSK（旅游）初级功能大纲（110 项）为主。

中级Ⅰ、Ⅱ以 HSK（旅游）中级功能大纲（127 项）为主。

高级Ⅰ、Ⅱ以 HSK（旅游）高级功能大纲（72 项）为主。

此外，在语言技能的训练方面，各门课程虽各有侧重、各司其职，但在词汇、语法、功能的分布上却是相互匹配的。即听力课、口语课中的词汇、语法与功能项目范围，基本上都是围绕读写课（或阅读课）展开的。这样做，可有效地避免其他课程的教材中又出现不少新词语或新语法的问题，从而能在很大程度上减轻学生学习和记忆的负担。同时，这也保证了词汇、语法重现率的实现，并有利于学生精学多练。因此，这是一套既便于教师教学，也易于学生学习的系列性教材。

本教材在编写过程中，得到北京大学出版社的大力支持：沈浦娜老师为教材的策划、构架提出过许多中肯的意见，多位编辑老师在出版此教材的过程中，更是做了大量具体而细致的工作，在此谨致诚挚的谢意。这套教材在编写过程中，曾经面向学院师生征集过书名，说来也巧，当初以提出"风光汉语"中选并以此获奖的旷书文同学，被沈浦娜招致麾下，并成为她的得力干将，在这套教材出版联络过程中起到极大的作用。

最后要说明的是，本教材得到上海市人文社会科学重点研究基地的资助，基地编号：SJ0705。

齐沪扬　张新明

说　明

　　《风光汉语——初级口语》是基础汉语口语教材，分Ⅰ、Ⅱ两册。在话题、场景方面与《风光汉语——初级读写》基本保持一致。通过这两册教材（共70课）的学习，学生能够在日常生活、旅游、学习和工作等场合，比较自如、熟练地运用汉语与他人交流，完成一般的口语交际任务。

　　《风光汉语——初级口语Ⅰ》中出现的主要人物有：

金大永，男，韩国留学生；

芳子，女，日本留学生；

黄佳佳，女，印度尼西亚留学生；

哈利，男，美国留学生；

丽莎，女，法国留学生；

李阳，男，中国大学生；

唐华，男，汉语老师。

　　本册课文中，人物的活动场所主要在学校、餐厅、商场、宾馆、街道、公园、机场和汽车上。人物活动有用餐、购物、订票、游玩、参观、问路、学习、人际交往、机场接送、寻找失物等，涉及的话题有爱好、天气、环境、交通、风俗习惯、身体健康等。

　　本册注重口语的灵活性和实用性。每课包含1–2段对话和2–3个句式，展示完整句和省略句的互换，介绍句群的组合方式，目的是让学习者经过训练能较完整地表达一些基本的功能意念。从第9课起，每段对话后有"根据对话内容回答问题"，要求回答2–3个问题，目的是检查学习者对内容的理解，训练学生的复述能力。此外，还注重语音的标准性和自然性，语音训练贯穿本册教材的始终，并且与对话结合紧密，使学习者不会感到枯燥。

练习中的"回答问题"主要就该课话题，询问学习者本人的相关情况，可作为小提纲训练学习者的口头作文。同时练习中设计了各种"活动"和"任务"（包括命题说话、讨论、调查、分角色对话等形式），从生活各方面的需要出发，培养学习者与中国人交流的兴趣和能力。

本册共有40课，前8课主要学习和训练拼音，建议每课用3课时。后32课如果与《风光汉语——初级读写》课本配合使用，每课约2课时；如果单独使用，每课约3课时。

本册出现常用词语600多个，要求掌握的语言点（包括重点词语和语法项目）和交际重点都编排在课后练习中。按照教材逐步完成所有训练后，学习者能够就计划、游览、餐饮、交友、购物等方面进行较长的表述，能够与中国人进行简单的交流。

本教材曾经在上海师范大学对外汉语学院经过多次试用和修改，相关的教师和学生提出不少宝贵的建议，王雪溪老师多次帮助修改和校对,日本留学生樱井典子校对了日文翻译。出版社的沈浦娜主任、欧慧英等位编辑对本教材给予了很大的支持和帮助，在此一并致谢！

编　者

目 录

第 一 课	我叫他大永	1
第 二 课	我是美国学生	6
第 三 课	我在哪个班？	12
第 四 课	你去哪儿？	17
第 五 课	我要 一张上海地图	23
第 六 课	我去买可乐	30
第 七 课	我有一个中国朋友	37
第 八 课	我一个人住	43
第 九 课	去地铁站怎么走？	49
第 十 课	我要换钱	55
第十一课	哪儿有水果卖？	62
第十二课	今天是谁的生日？	69
第十三课	我要请五天假	76
第十四课	你听说了没有？	83
第十五课	我不知道	89
第十六课	别迟到	96
第十七课	红茶还是绿茶？	104
第十八课	一，二，三，笑	110
第十九课	房间订好了	117
第二十课	给我四瓶啤酒	125
第二十一课	这个菜有点儿辣	132

目 录

第二十二课	听你的	**139**
第二十三课	法国离这儿太远了	**146**
第二十四课	我来介绍一下儿	**153**
第二十五课	外边儿下雨了	**161**
第二十六课	参观博物馆	**168**
第二十七课	剪短一点儿	**175**
第二十八课	把礼物放在包里	**182**
第二十九课	服务员很热情	**190**
第 三 十 课	再检查一下儿	**198**
第三十一课	一路平安	**206**
第三十二课	带一束花儿去	**214**
第三十三课	我去过西安	**222**
第三十四课	山上的风景美极了	**230**
第三十五课	听得清楚就行了	**237**
第三十六课	谁赢了？	**244**
第三十七课	考试难不难？	**252**
第三十八课	我感冒了	**259**
第三十九课	钱包丢了	**266**
第 四 十 课	冬天去最好	**273**
中国行政区划图		**281**
生 词 总 表		**282**

Dì-yī kè 第一课

Wǒ jiào tā Dàyǒng
我叫他大永

 Warming up activities

1 试读   Pronunciation

a o i u b p d t m n

2 声母   The initials

b p m f d t n l

3 韵母   The finals

a o e i u ü er

4 声调   The tones

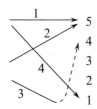

5 对比   Comparisons

ā–á–ǎ–à   ō–ó–ǒ–ò   ē–é–ě–è   ēr–ér–ěr–èr
ī–í–ǐ–ì   ū–ú–ǔ–ù   ǖ–ǘ–ǚ–ǜ

风光汉语 初级口语 I

Shēngcí 生词 — New words

1.	他	tā	代	he, him	그	彼
2.	姓	xìng	动	one's family name is	성	姓
3.	叫	jiào	动	call; be named	부르다	呼ぶ
4.	我	wǒ	代	I, me	나, 저	私
5.	老师	lǎoshī	名	teacher	선생님	先生
6.	您	nín	代	you [polite form]	당신(높임말)	貴方
7.	您好	nín hǎo		Hello. How are you? [polite form]	안녕하십니까	こんにちは
8.	贵姓	guìxìng		[a polite form to ask one's family name]	성함이 어떻게 되십니까	苗字はなんですか
9.	你	nǐ	代	you	너	あなた
10.	什么	shénme	代	what	무엇	何
11.	名字	míngzi	名	name	이름	お名前
12.	金大永	Jīn Dàyǒng		[name of a Korean]	김대영(이름)	金大永
13.	唐华	Táng Huá		[name of a Chinese]	당화(이름)	唐華
14.	丽莎	Lìshā		[name of a French]	리샤(이름)	リサ
15.	哈利	Hālì		[name of an American]	해리(이름)	ハリー

Jùzi 句子 — Sentences

1. Tā xìng Jīn, jiào Jīn Dàyǒng. Wǒ jiào tā Dàyǒng.
   他姓金，叫金大永。我叫他大永。

2. Lǎoshī xìng Táng, jiào Táng Huá. Wǒ jiào tā Táng lǎoshī.
   老师姓唐，叫唐华。我叫他唐老师。

Duìhuà 对话　Dialogs

1.

Táng Huá: Wǒ xìng Táng, jiào Táng Huá.
唐　华：我姓唐，叫唐华。

Lì shā: Nín hǎo! Wǒ jiào Lìshā.
丽　莎：您好！我叫丽莎。

Hā lì: Wǒ jiào Hālì.
哈　利：我叫哈利。

2.

Jīn Dàyǒng: Lǎoshī, nín guìxìng?
金　大永：老师，您贵姓？

Táng Huá: Wǒ xìng Táng.
唐　华：我姓唐。

Jīn Dàyǒng: Táng lǎoshī, nín hǎo!
金　大永：唐老师，您好！

Táng Huá: Nǐ jiào shénme míngzi?
唐　华：你叫什么名字？

Jīn Dàyǒng: Wǒ xìng Jīn, jiào Jīn Dàyǒng.
金　大永：我姓金，叫金大永。

Exercises

1. 语音　Phonetic practice

(1) 声调对比　Comparison of tones

ā — à　　ō — ò　　ū — ù　　ǖ — ǜ
ì — ī　　ò — ō　　ù — ū　　è — ē
ǎ — á　　ě — é　　ǐ — í　　ěr — ér

(2) 音节对比　Comparison of syllables

bō — pō　bū — pū　pá — fá　mù — lù　mù — fù　dú — tú
è — tè　　dē — tē　nē — lē　nú — nǘ　lì — lǜ　nǜ — lǜ

2. 替换　Substitution exercise

(1) 你姓什么？

| 他 | 金 |
| 我 | 唐 |

(2) 你叫什么名字？

| 他 | 金大永 |
| 她 | 丽莎 |

(3) 我叫他大永。

| 唐华 | 金大永 |
| 哈利 | 大永 |

第一课　我叫他大永

3. 完成对话　Complete the following dialogs

(1) A：_____？

　　B：我姓唐。

　　A：_____？

　　B：我叫唐华。

(2) A：大永_____？

　　B：大永姓金。

(3) A：老师姓什么？

　　B：_____唐，我叫他_____。

4. 回答问题　Answer the following questions

(1) 你姓什么？

(2) 你叫什么名字？

5. 活动　Activities

(1) 向同桌（tóngzhuō, deskmate）介绍你自己。Introduce yourself to your deskmate.

我姓_____，叫_____。

(2) 向别的同学介绍你的同桌。　Introduce your deskmate to others.

他/她（tā, she）姓_____，叫_____。

Dì-èr kè
第二课

Wǒ shì Měiguó xuésheng
我 是 美国 学生

Rèshēn 热身 — Warming up activities

1 复习 Review

mī–mì lǘ–lǜ èr–ér pù–pú dē–tē bò–pò

2 声母 The initials

g k h

3 韵母 The finals

ai ei ao ou ua uo

4 对比 Comparisons

(1) ài–āi   òu–ōu   èi–ēi   uò–uō
(2) ǎo–ào   uǎ–uà   ěi–èi   ǒu–òu

第二课　我是美国学生

Shēngcí 生词　New words

1.	是	shì	动	to be, is	-이다	~である
2.	国	guó	名	nation	나라	国
3.	人	rén	名	person	사람	人
4.	这	zhè, zhèi	代	this	이	これ
5.	她	tā	代	she, her	그녀	彼女
6.	吧	ba	助	[used at the end of a sentence, implying soliciting someone's advice, suggestion or command]	-(합)시다	~にしよう ~だろう
7.	好	hǎo	形	good	좋다	良い
8.	你好	nǐ hǎo		Hello. How are you?	안녕하세요	こんにちは
9.	哪	nǎ, něi	代	which	어느	どれ
10.	华人	huárén	名	Chinese born in foreign countries	중국인(특별히 화교들을 지칭할 때)	華僑
11.	学生	xuésheng	名	student	학생	学生
12.	中国	Zhōngguó		China	중국	中国
13.	美国	Měiguó		United States of America	미국	アメリカ
14.	法国	Fǎguó		France	프랑스	フランス
15.	印度尼西亚（印尼）	Yìndùníxīyà (Yìnní)		Indonesia	인도네시아	イントネシア

16. 黄佳佳　　Huáng Jiājiā　　(name of an Indonesia student)　　황가가(이름)　黄佳佳

 Jùzi **Sentences**
句子

1. Táng Huá shì Zhōngguórén.
   唐华是中国人。

2. Hālì shì Měiguórén.
   哈利是美国人。

3. Lìshā shì Fǎguórén.
   丽莎是法国人。

 Duìhuà **Dialogs**
对话

1.

Lì　　shā：Jiājiā, zhè shì Táng lǎoshī. Táng lǎoshī, tā jiào Huáng Jiājiā.
丽　　莎：佳佳，这是唐老师。唐老师，她叫黄佳佳。

Huáng Jiājiā：Táng lǎoshī, nín hǎo! Nín jiào wǒ Jiājiā ba.
黄　佳佳：唐老师，您好！您叫我佳佳吧。

Táng　Huá：Nǐ hǎo! Nǐ shì nǎ guó rén?
唐　　华：你好！你是哪国人？

Huáng Jiājiā：Wǒ shì Yìnní huárén.
黄　佳佳：我是印尼华人。

2.

Hā　　lì：Lǎoshī hǎo!
哈　　利：老师好！

第二课 我是美国学生

Táng　　Huá：Hālì，　　nǐ hǎo. Jiājiā，　zhè shì Hālì，　tā shì Měiguó xuésheng.
唐　　华：哈利，你 好。佳佳，这是哈利，他是 美国 学生。

Huáng Jiājiā：Hālì，　　nǐ　hǎo.
黄　佳佳：哈利，你 好。

1. 语音　Phonetic practice

(1) 对比　Comparisons

　　gòu — guò　　　hóu — huó　　　lóu — luó

　　dài — tài　　　bèi — pèi　　　gào — kào

(2) 轻音/重音　Accentual and unaccentual words①

　　哈利是美国人。　黄佳佳是印尼人。　唐华是老师。

(3) 音变　Phonetic change

　　ˇ ˇ　　　　→　　　ˊ ˇ

　　nǐ hǎo　　　→　　ní hǎo

　　Lǐ lǎoshī　　→　　Lí lǎoshī

2. 替换　Substitution exercise

(1) 丽莎是法国人。

唐老师	中国人
你	哪国人

---

① 在本册书的"轻读/重读"练习中，下画虚线的字词轻读，下加点的字词重读。

(2) 唐华是中国老师。

> 丽莎　　　法国学生
> 哈利　　　美国学生

(3) 老师姓唐，我们叫他 唐老师。

> 大永　　　金　　　他　　大永
> 印尼学生　黄　　　她　　佳佳

3. 完成对话　Complete the following dialogs

(1) A：唐老师，_____！
　　B：丽莎，你好。

(2) A：老师，_____？
　　B：我姓李（Lǐ）。
　　A：_____好！

(3) A：_____？
　　B：我叫丽莎。
　　A：_____？
　　B：我是法国人。
　　A：我叫黄佳佳，是_____学生。

4. 回答问题　Answer the following questions

(1) 你叫什么名字？
(2) 你是哪国人？

5. 活动　Activities

(1) 介绍名片（míngpiàn, name card）上的人。　Introduce these people according to the name cards.

```
   Táng Huá
   唐　华
   中国，老师
```

```
   Lìshā
   丽莎
   法国，学生
```

这是唐老师，他是中国人。

这是_____，她是_____学生。

(2) 模仿上面的名片，给自己做一张。　Make a name card for yourself.

(3) 向同学（tóngxué, classmate）介绍你自己。　Introduce yourself to your classmate.

你好！我叫_____，你叫我_____。我是_____人。

(4) 向老师介绍你的同学。　Introduce a classmate to your teacher.

他（她）叫_____，是_____人。

Dì-sān kè
第三课

Wǒ zài něi ge bān?
我 在 哪 个 班？

1 复习　Review

| lǎoshī | shénme | xuésheng | míngzi | shì | jiào |
| 老师 | 什么 | 学生 | 名字 | 是 | 叫 |

2 声母　The initials

j	q	x
z	c	s
zh	ch	sh	r

3 认读　Pronouncing syllables

ji	qi	xi
zi	ci	si
zhi	chi	shi	ri

第三课　我在哪个班？

Shēngcí 生词　New words

1.	一	yī	数	one	일	一
2.	二	èr	数	two	이	二
3.	三	sān	数	three	삼	三
4.	四	sì	数	four	사	四
5.	五	wǔ	数	five	오	五
6.	六	liù	数	six	육	六
7.	七	qī	数	seven	칠	七
8.	八	bā	数	eight	팔	八
9.	九	jiǔ	数	night	구	九
10.	十	shí	数	ten	십	十
11.	在	zài	动	be at; be in	-에 있다	ある
12.	个	ge	量	[measure word for class, school, etc.]	개	個
13.	班	bān	名	class	반	クラス
14.	不	bù	副	not	아니다	～ではない

Jùzi 句子　Sentences

1. Nǐ zài něi ge bān?
   你在哪个班？

2. Wǒ zài qī bān.
   我在七班。

Duìhuà 对话　　Dialogs

Jīn Dàyǒng: Lǎoshī, wǒ zài něi ge bān?
金　大永：老师，我在哪个班？

Táng Huá: Nǐ zài qī bān.
唐　华：你在七班。

Jīn Dàyǒng: Yī bān?
金　大永：一班？

Táng Huá: Bù, shì qī bān.
唐　华：不，是七班。

Jīn Dàyǒng: Hālì zài něi ge bān?
金　大永：哈利在哪个班？

Táng Huá: Tā zài èr bān.
唐　华：他在二班。

Liànxí 练习　　Exercises

1. 语音　Phonetic practice

(1) 多音字　Polyphone

在口语中，"这、哪"在量词前读 zhèi 和 něi。
"这、哪" are pronounced as "zhèi" and "něi" orally:

　　zhèi ge bān　　zhèi ge rén　　něi ge xuésheng　　něi ge lǎoshī
　　这　个　班　　这　个　人　　哪　个　学　生　　哪　个　老　师

第三课　我在哪个班？

(2) 音变　Phonetic change

"不"字在 ˉ ˊ ˇ 前面发 ˋ；在 ˋ 前面发 ˊ。"不" has a falling tone before syllables with tones ˉ ˊ ˇ but has a rising tone while it goes before a syllable with falling tone.

búshì　búzài　bùhǎo　bújiào
不是　　不在　　不好　　不叫

(3) 轻音 / 重音　Accentual and unaccentual words

在下面"替换"练习的第（1）、（2）组句子中，"在"字轻读。
"在" is unaccentual in the sentences of Exercises 2(1), 2(2).

2. 替换　Substitution exercise

(1) 哈利在中国。

我	法国
金大永	上海 (Shànghǎi, Shanghai)

(2) 金大永不在一班，他在七班。

哈利	一班	他	二班
丽莎	法国	她	中国

(3) 他是美国人，不是法国人。

是	老师	是	学生
姓	唐	姓	黄

3. 完成对话　Complete the following dialogs

(1) A：你在_____？

　　B：我在四班。

(2) A：你在哪个班？

　　B：_____

　　A：什么？七班？

　　B：_____，我在一班。

4. 回答问题　Answer the following questions

(1) 你在哪个班？

(2) 老师姓什么？

5. 活动　Activities

(1) 学习表示数字的手势。　Learn the gestures for digits.

(2) 说说这些号码。　Say these numbers in Chinese.

　　713　　369　　256　　119　　918

　　1999　　2288　　8765　　64322524

Dì-sì kè
第四课

Nǐ qù nǎr?
你 去 哪儿?

Rèshēn 热身 Warming up activities

1 轻音/重音 Accentual and unaccentual words

哈利在哪个班?	他在二班。
丽莎不在二班。	她在三班。

2 对比 Comparisons

(1) xī–sī–shī   qí–cí–chí   jì–zì–zhì–rì
(2) rè–lè   ròu–lòu   lú–rú
(3) 4–10   10–4   3–10   10–3
(4) 1–7   7–1   4–10–7   3–10–4

3 韵母 The finals

ia   ie   iao   iou   uai   uei   üe

4 朗读 Pronouncing syllables

jiā   xiè   qiáo   yuē   wéi   yè   guāi   jiào
tuì(tuèi)   chuí(chuéi)   jiǔ(jiǒu)   xiū(xiōu)

Shēngcí 生词 — New words

1.	去	qù	动	go	가다	行く
2.	教室	jiàoshì	名	classroom	교실	教室
3.	课	kè	名	lesson, class	과,수업	授業
4.	上课	shàng kè	动	take class	수업하다	授業を受ける
5.	们	men		[used after a pronoun or a noun referring to a person to form a plural]	-들(복수)	~たち
6.	你们	nǐmen	代	you	너희	あなたたち
7.	我们	wǒmen	代	we, us	우리	わたしたち
8.	哪儿	nǎr	代	where	어디	どこ
9.	口语	kǒuyǔ	名	oral; spoken language	회화	話し言葉
10.	零	líng	数	zero	영	零
11.	的	de	助	[used between a modifier and a noun]	-의	の
12.	办公室	bàngōngshì	名	office	사무실	事務所
13.	楼	lóu	量	floor	층	階
14.	谢谢	xièxie	动	thank you	고맙습니다	ありがとう
15.	不客气	bú kèqi		You're welcome.	아니예요	どういたしまして
16.	叶	Yè		[a Chinese family name]	잎(성)	葉
17.	芳子	Fāngzǐ		(name of a Japanese student)	요시코(이름)	芳子

第四课　你去哪儿？

1. Wǒ qù jiàoshì.
   我去教室。

2. Wǒ qù jiàoshì shàng kè.
   我去教室上课。

3. Wǒ qù shàng kè.
   我去上课。

Táng Huá: Hālì, Fāngzǐ! Nǐmen qù nǎr?
唐　华：哈利，芳子！你们去哪儿？

Hā lì: Táng lǎoshī, nín hǎo! Wǒmen qù jiàoshì shàng kè.
哈　利：唐老师，您好！我们去教室上课。

Táng Huá: Shàng shénme kè? Zài něi ge jiàoshì?
唐　华：上什么课？在哪个教室？

Hā lì: Shàng kǒuyǔ kè, zài sìlíngqī.
哈　利：上口语课，在407。

2...

Lì shā： Táng lǎoshī de bàngōngshì zài nǎr?
丽 莎：唐 老师的 办公室 在 哪儿?

Yè lǎoshī： Něi ge Táng lǎoshī?
叶 老师：哪 个 唐 老师?

Lì shā： Qī bān de kǒuyǔ lǎoshī. Tā jiào Táng Huá.
丽 莎：七 班的 口语 老师。他 叫 唐 华。

Yè lǎoshī： Tā zài sān lóu sānlíngliù.
叶 老师：他 在 三 楼 306。

Lì shā： Xièxie.
丽 莎：谢谢。

Yè lǎoshī： Bú kèqi.
叶 老师：不 客气。

Liànxí 练习 Exercises

1. 语音 Phonetic practice

(1) 对比 Comparisons

jiā — zā	qiā — cā	xiā — sā
qū — qiū	xū — xiū	jǔ — jiǔ
hēi — huī	gěi — guǐ	shéi — shuí
yē — yuē	xiě — xuě	jié — jué

(2) 声调 The tones

　　　 ：二班　 姓金　 办公

　　　 ：教室　 上课　 贵姓

第四课　你去哪儿？

(3) 音变　Phonetic change

"1"在号码中可以读为 yāo。

311 室　　　1105 室　　　64322817

(4) 轻音 / 重音　Accentual and unaccentual words

哈利在哪儿？　　　他在307教室。

丽莎在哪儿？　　　她在三楼上课。

你去哪儿？　　　　我在老师的办公室。

2. 替换　Substitution exercise

(1) 唐老师在306室。

金大永	722室
丽莎	108室

(2) 哈利去教室上课。

教室	上口语课
办公室	叫老师

3. 完成对话　Complete the following dialogs

(1) A：你去哪儿？

B：_____。

(2) A：_____？

B：他在教室。

A：在_____教室？

B：他在209。

(3) A：你是哪个班的学生？

　　B：我_____。

　　A：你们班在_____上课？

　　B：口语课在502，读写（dúxiě, reading and writing）课在403。

(4) A：洗手间（xǐshǒujiān, lavatory）_____？

　　B：洗手间在二楼。

4. 回答问题　Answer the following questions

(1) 你们班在哪个教室上课？

(2) 你在中国做（zuò, to do）什么？

5. 活动　Activities

(1) 问老师。Ask your teacher these questions.

读写课老师的办公室在哪儿？

听力（tīnglì, listening）课老师的办公室在哪儿？

(2) 介绍老师。Introduce your teachers.

我们班的口语老师叫_____，他的办公室在_____。听力老师……_____，_____。

Dì-wǔ kè
第五课

Wǒ yào yì zhāng Shànghǎi dìtú
我要一张上海地图

Rèshēn 热身 Warming up activities

1 复习 Review

búshì	búzài	bùhǎo	búqù	búshàngkè
不是	不在	不好	不去	不上课
tāde	xuésheng	shénme	wǒmen	zhèige
他的	学生	什么	我们	这个

2 轻声 Weak syllables without tones

tāde	tāmen	duōshao
他的	她们	多少
shénme	míngzi	xuésheng
什么	名字	学生
wǒde	něige	běnzi
我的	哪个	本子
xièxie	qùba	shìde
谢谢	去吧	是的

3 韵母 The finals

an　en　in　ün

4 认读 Identifying syllables

nínhǎo　huárén　Yìnní　bàngōngshì
您好　　华人　　印尼　　办公室

Shēngcí 生词　New words

1.	钱	qián	名	money	돈	お金
2.	块	kuài	量	[Unit of RMB, oral form of Yuan]	원	元
3.	毛	máo	量	[Unit of RMB, equal to 0.1 Kuai / Yuan orally]	원의 1/10	毛・角
4.	两	liǎng	数	two (used before measure word)	둘	二
5.	本子	běnzi	名	notebook	공책,노트	ノート
6.	多少	duōshao	代	how much; how many	얼마	いくら
7.	地图	dìtú	名	map	지도	地図
8.	张	zhāng	量	[measure word for flat things]	장	枚
9.	要	yào	动	to want; to need	원하다	~したい
10.	是的	shìde		Yes.	그렇다,맞다	はい

第五课　我要一张上海地图

11.	看	kàn	动	look	보다	見る
12.	和	hé	连	and [used between nouns or pronouns]	하고,와,과	~と~
13.	本	běn	量	[measure word for books]	권	冊
14.	书	shū	名	book	책	本
15.	上海	Shànghǎi		Shanghai	상해	上海
16.	李阳	Lǐ Yáng		[name of a Chinese student]	이양(이름)	李陽

Shùliàng 数量　Quantity

wǔkuài（qián）
5.00　五块（钱）

liǎngkuài（qián）
2.00　两块（钱）

qīkuàiwǔ(máo qián)
7.50　七块五(毛 钱)

sānkuài'èr(máo qián)
3.20　三块二(毛 钱)

Jùzi 句子　Sentences

1. Běnzi duōshao qián yí ge？
   本子多少钱一个？

2. Shànghǎi dìtú duōshao qián yì zhāng？
   上海地图多少钱一张？

Duìhuà 对话 Dialogs

1.

shòuhuòyuán： Nín yào shénme?
售 货 员：您 要 什么?

Hā lì： Wǒ yào yì zhāng Shànghǎi dìtú. Duōshao qián?
哈 利：我 要 一 张 上 海 地图。多少 钱?

shòuhuòyuán： Sìkuàiwǔ(máo).
售 货 员：四 块 五(毛)。

2.

[哈利的书丢（diū, lose）了。Harry lost his book.]

Lǐ Yáng： Nǐ hǎo. Nǐ shìbushì Hālì?
李 阳：你 好。你 是不是 哈利?

Hā lì： Shìde, wǒ shì Hālì.
哈 利：是 的，我 是 哈利。

Lǐ Yáng： Nǐ kàn, zhèi běn shū hé zhèi ge běnzi shìbushì nǐ de?
李 阳：你 看，这 本 书 和 这 个 本子 是不是 你 的?

Hā lì： Shì wǒ de. Xièxie nǐ!
哈 利：是 我 的。谢谢 你!

Lǐ Yáng： Bú kèqi.
李 阳：不 客气。

第五课　我要一张上海地图

 Liànxí 练习 **Exercises**

1. 语音　Phonetic practice

(1) 对比　Comparison

| yín — yún | qīn — qūn | xìn — xùn |
| cán — chán | zèn — zhèn | sēn — shēn |

(2) "不"在正反疑问式中读轻声　"不" hasn't any tone in "A-not-A" form.

| hǎobuhǎo | shìbushì | qùbuqù | yàobuyào | kànbukàn |
| 好不好 | 是不是 | 去不去 | 要不要 | 看不看 |

(3) "一"在声调为 ˉ ˊ ˇ 的词前面，发音变成 yì。

"一" is pronounced as "yì" when it goes before measure word with tone ˉ ˊ and ˇ.

yíkuài qián	yìmáo qián	yì běn shū
一块　钱	一毛　钱	一本　书
yì zhāng dìtú	yí ge běnzi	yí ge jiàoshì
一　张　地图	一　个　本子	一　个　教室

2. 替换　Substitution exercise

(1) 我要<u>一张上海地图</u>。

芳子　　一本书
丽莎　　一个中国名字

(2) <u>这本书</u>是不是<u>你</u>的？

这张地图　　芳子
这个办公室　　唐老师

(3) 这是不是你的书？不，不是我的，是哈利的。

> 地图
> 本子

3. 完成对话　Complete the following dialogs

(1) A：你是不是法国人？
　　B：不，我不是＿＿＿＿＿，我是＿＿＿＿＿。
　　A：对不起(duìbuqǐ, sorry)。

(2) A：您＿＿＿＿＿李老师？
　　B：是的。
　　A：李老师好！

(3) A：你要＿＿＿＿＿？
　　B：＿＿＿＿＿地图。
　　A：你要哪儿的地图？
　　B：＿＿＿＿＿。

(4) A：＿＿＿＿＿？
　　B：我要可乐 (kělè, cola)，＿＿＿＿＿？
　　A：两块七。

4. 回答问题　Answer the following questions

(1) 你要不要买 (mǎi, to buy) 上海地图？
(2) 在哪儿买上海地图？

5. 活动　Activities

(1) 看中国地图，上海在哪儿？北京(Běijīng, Beijing)在哪儿？
Find Shanghai and Beijing on a Chinese map.

(2) 问中国朋友。 Ask your Chinese friend.

这叫什么？在哪儿买(mǎi, to buy)？

Dì-liù kè
第六课

Wǒ qù mǎi kělè
我 去 买 可乐

Rèshēn 热身 Warming up activities

1 复习 Review

上课　　你看　　本子　　名字　　办公室

2 声母 The initials

（1）qū-cū　　　　xū-sū　　　　jǔ-zǔ

（2）jiào-zào-zhào　　qiáo-cáo-cháo　　xiǎo-sǎo-shǎo

3 韵母 The finals

ang　　eng　　ing　　ong

4 认读 Identifying syllables

xìngmíng　　Zhōngguó　　shàngkè　　línglíngqī
姓名　　　　中国　　　　上课　　　零零七

第六课 我去买可乐

Shēngcí 生词 New words

1.	商店	shāngdiàn	名	shop; store	가게, 상점	商店
2.	买	mǎi	动	buy	사다	買う
3.	可乐	kělè	名	cola	콜라	コーラ
4.	喝	hē	动	drink	마시다	飲む
5.	冰淇淋	bīngqílín	名	ice-cream	아이스 크림	アイスクリーム
6.	那	nà, nèi	代	that	그, 저	あの
7.	吗	ma	助	[a modal particle used at the end of a yes-or-no interrogative sentence]	-입니까?	~か
8.	太…了	tài…le		too [used with an adjective to indicate a high level]	너무-하다	~過ぎる
9.	喜欢	xǐhuan	动	like	좋아하다	好き
10.	吃	chī	动	eat	먹다	食べる
11.	也	yě	副	too, also	역시	も
12.	有	yǒu	动	have	있다	ある
13.	没有	méiyǒu	动	not have	없다	ない
14.	瓶	píng	量	bottle	병	本
15.	贵	guì	形	expensive	비싸다	高い

Jùzi 句子 Sentences

1. Wǒ qù shāngdiàn.
   我去商店。

2. Wǒ qù shāngdiàn mǎi kělè.
   我去商店买可乐。

3. Wǒ qù(shāngdiàn)mǎi kělè.
   我去（商店）买可乐。

Duìhuà 对话 Dialogs

1.

Lì shā: Nǐmen hēbuhē kělè? Wǒ qù mǎi.
丽 莎：你们 喝不喝 可乐？我 去买。

Fāng zǐ: Búyào. Xièxiè.
芳 子：不要。谢谢。

Lì shā: Yàobuyào bīngqílín?
丽 莎：要不要 冰淇淋？

Fāng zǐ: Nèi ge shāngdiàn yǒu bīngqílín ma? Tài hǎo le! Wǒ xǐhuan chī bīngqílín.
芳 子：那个 商店 有 冰淇淋 吗？太 好 了！我 喜欢 吃 冰淇淋。

Lì shā: Wǒ yě shì.
丽 莎：我 也 是。

第六课 我去买可乐

2.

Lìshā： Yǒuméiyǒu kělè?
丽 莎： 有没有 可乐？

shòuhuòyuán： Yǒu. Kělè liǎngkuàibā yì píng.
售 货 员： 有。可乐 两块八 一瓶。

Lìshā： Zhèi ge bīngqílín duōshao qián?
丽 莎： 这 个 冰淇淋 多少 钱？

shòuhuòyuán： Shíkuài qián yí ge.
售 货 员： 十块 钱 一个。

Lìshā： Tài guì le!
丽 莎： 太 贵 了！

Liànxí 练习 Exercises

1. 语音 Phonetic practice

(1) 对比 Comparisons

bàn — bàng   gān — gāng   cán — cáng
bèn — bèng   shēn — shēng   zhěn — zhěng
pīn — pīng   lín — líng   xìn — xìng

(2) 声调 The tones

ˇ ‾ ： 买书   老师   五张   好吃
ˇ ˊ ： 哪国   两毛   有人   五瓶
ˇ ˋ ： 我要   我去   两块   可乐

(3) 音变　Phonetic change

bùchī	búguì	bùmǎi	bùduō	bùxǐhuan
不吃	不贵	不买	不多	不喜欢

yàobuyào	qùbuqù	guìbuguì	duōbuduō	xǐhuanbuxǐhuan
要不要	去不去	贵不贵	多不多	喜欢不喜欢

ˇ ˇ ˋ　　ˊ ˇ ˉ　　ˊ ˇ　　ˊ ˇ　　ˊ ˇ ˊ
我也是　　两本书　　买本子　　我喜　　你买什么

2. 替换　Substitution exercise

(1) 冰淇淋太贵了。

钱	少
中国人	多

(2) 丽莎要吃 一个 冰淇淋。

芳子	买	一个	本子
唐老师	买	一本	书

(3) 可乐多少钱一瓶？

冰淇淋	一个
地图	一张

3. 完成对话　Complete the following dialogs

(1) A: 你要买什么？

　　B: _____。

第六课　我去买可乐

　　　A：你要买什么地图？

　　　B：我要买北京（Běijīng）地图。＿＿＿＿＿＿？

　　　A：5块钱。

（2）A：＿＿＿＿＿＿＿？

　　　B：我要可乐，他要牛奶(niúnǎi, milk)。多少钱？

　　　A：＿＿＿＿＿＿。

（3）A：你＿＿＿＿＿＿可乐吗？

　　　B：不，我不喜欢可乐。我要＿＿＿＿＿＿。

　　　A：好的。

4. 回答问题　Answer the following questions

（1）你喜欢不喜欢吃冰淇淋？

（2）中国的冰淇淋贵不贵？

5. 活动　Activities

（1）分角色对话。　Do a role play.

　　　A：售货员（shòuhuòyuán, sales assistant）

　　　　　你要买（喝）什么？

　　　　　您要不要……？

　　　　　你要多少……？

　　　　　有……，没有……

　　　B：客人（kèrén, customer）

　　　　　有没有……？

　　　　　我不要……

　　　　　多少钱？

　　　　　太……了

(2) 到学校外面去，找你没见过的东西，用"这是什么？"问中国人。
Find something you have never seen and ask Chinese people with "这是什么？".

Dì-qī kè
第七课

Wǒ yǒu yí ge Zhōngguó péngyou
我有一个 中国 朋友

Rèshēn 热身 Warming up activities

1 复习 Review

| yí ge shāngdiàn | yì píng kělè | yí ge bīngqílín |
| 一个 商店 | 一瓶 可乐 | 一个 冰淇淋 |

2 声母 The initials

| méiyǒu | shìma | duōshao | shìde | tàiguìle |
| 没有 | 是吗 | 多少 | 是的 | 太贵了 |

3 韵母 The finals

ian   üan   iang   iong

Shēngcí 生词 — New words

1.	谁	shéi, shuí	代	who, whom	누구	誰
2.	照片儿	zhàopiānr	名	photo	사진	写真
3.	大学	dàxué	名	university	대학	大学
4.	年级	niánjí	名	grade	년급	学年
5.	朋友	péngyou	名	friend	친구	友達
6.	同学	tóngxué	名	classmate	동급생,반친구	同級生, クラスメート
7.	认识	rènshi	动	know (a person)	알다	知り合う
8.	爸爸	bàba	名	father, dad	아버지,아빠	父
9.	妈妈	māma	名	mother, mom	어머니,엄마	母
10.	家	jiā	名	home	집	家
11.	玩儿	wánr	动	play, have fun	놀다	遊ぶ
12.	很	hěn	副	very	아주,매우	とても
13.	你呢	nǐ ne		And you? How about you?	당신은요?	あなたは?
14.	学(习)	xué(xí)	动	learn	공부하다	勉強
15.	汉语	Hànyǔ	名	Chinese language	중국어	中国語
16.	英语	Yīngyǔ	名	English	영어	英語

第七课 我有一个中国朋友

1. Zhè shì shéi de shū?
   这是谁的书?

2. Zhè shì shéi de zhàopiānr?
   这是谁的照片儿?

1.

[金大永的照片儿掉(diào, to fall down)在地上。JinDayong' photo fell down.]

Huáng Jiājiā: Zhè shì shéi de zhàopiānr?
黄 佳佳:这是谁的 照片儿?

Jīn Dàyǒng: Shì wǒ de.
金 大 永:是我的。

Huáng Jiājiā: [kàn zhàopiānr] Zhè shì nǐ ma?
黄 佳佳:[看照片儿] 这是你吗?

Jīn Dàyǒng: Shì wǒ. Zhè shì wǒ dàxué yī niánjí de zhàopiānr.
金 大 永:是我。这是我大学一年级的照片儿。

2.

Táng Huá: Nǐmen yǒuméiyǒu Zhōngguó péngyou?
唐 华:你们 有没有 中国 朋友?

Lì shā: Wǒ zài Fǎguó yǒu yí ge Zhōngguó tóngxué. Tā (de) bàba
丽 莎:我 在 法国 有一个 中国 同学。她 的 爸爸

māma zài Shànghǎi. Tāmen jiào wǒ qù tāmen jiā wánr. Wǒ
妈妈 在 上海。他们 叫 我 去 他们 家 玩儿。我

hěn xǐhuan tāmen.
很 喜欢 他们。

Táng Huá: Hālì, nǐ ne?
唐 华：哈利，你 呢？

Hā lì: Wǒ rènshi yí ge Zhōngguórén. Tā jiào Lǐ Yáng, yě shì wǒmen
哈 利：我 认识 一 个 中国人。他 叫 李 阳，也 是 我们

dàxué de xuésheng. Wǒ xué(xí) Hànyǔ, tā xué(xí) Yīngyǔ.
大学 的 学生。我 学(习) 汉语，他 学(习) 英语。

Liànxí
练习   Exercises

1. 语音   Phonetic practice

   (1) 轻声   Weak syllables without tones

   | bàba | māma | hǎoma | qùba | nǐne | wǒde | wǒmen |
   | 爸爸 | 妈妈 | 好吗 | 去吧 | 你呢 | 我的 | 我们 |

   (2) 对比   Comparisons

   zhāng — jiāng   cháng — qiáng   sàng — xiàng
   jiān — zān   qián — cán   xiàn — sàn
   yún — yuán   jūn — juān   xùn — xuàn

   (3) 多音字   Polyphone

   "这、那、哪、谁"都有两个读音。

   A. 书面语：zhè   nà   nǎ   shuí
   B. 口语或在量词前：zhèi   nèi   něi   shéi

   哪本书   哪张地图   哪个学生   哪个教室   你是谁？
   这本书   这张地图   这个学生   这个教室   谁是芳子？
   那本书   那张地图   那个学生   那个教室   这是谁的书？

第七课　我有一个中国朋友

(4) 送气声母　Aspirated initials

p：朋友　　照片儿　　一瓶可乐

t：地图　　他们　　　太好了

k：上课　　看书　　　可乐

2. 替换　Substitution exercise

(1) 我认识 一个中国学生。

| 认识 | 哈利的妈妈 |
| 不认识 | 这个人 |

(2) 他是学汉语的学生。

| 学英语 | 学生 |
| 我喜欢 | 人 |

3. 完成对话　Complete the following dialogs

(1) A：这是_____吗？

　　B：是的。这是我的照片儿。

(2) A：你_____课？

　　B：没有课。

　　A：去我家玩儿吧。

　　B：_____。

(3) A：你_____学汉语？

　　B：我很喜欢学汉语。

　　A：明天（míngtiān, tomorrow）你去不去上课？

　　B：_____。

4. 回答问题　Answer the following questions

(1) 你认识多少中国人？

(2) 你有没有中国朋友？

5. 活动　Activities

(1) 先读句子，然后模仿介绍你家的情况。
Read the sentences and then introduce your family in the same way.

我爸爸姓唐，我也姓唐。我妈妈不姓唐，她姓张（Zhāng）。

(2) 猜一猜。Guess.

有一个中国学生，他爸爸姓陈（Chén），妈妈姓李（Lǐ）。这个学生姓什么？

(3) 读句子。Read sentences.

我有一个朋友，他叫哈利，是美国人。他在上海学习汉语。他喜欢喝可乐、吃冰淇淋，不喜欢去商店。

(4) 模仿上面的句子介绍你的朋友。
Introduce your friend in the same way.

Dì-bā kè
第八课

Wǒ yí ge rén zhù
我 一 个 人 住

Rèshēn 热身 — Warming up activities

1 儿化 The retroflex finals

| nǎr | wánr | zhàopiānr | zhèr | nàr |
| 哪儿 | 玩儿 | 照片儿 | 这儿 | 那儿 |

2 声母 The initials

uan　uen　uang　ueng

3 认读 Identifying syllables

guǎn　chuàn　wáng　huáng　wèng

hūn(huēn)　cùn(cuèn)　lún(luén)

Shēngcí 生词 / New words

1.	住	zhù	动	live	-에 살다	住む
2.	宿舍	sùshè	名	dormitory	기숙사	寮
3.	号	hào	量	number	-호,번	号
4.	楼	lóu	名	building	빌딩,건물	ビル
5.	电话	diànhuà	名	phone call; telephone equipment	전화	電話
6.	号码	hàomǎ	名	number	번호	番号
7.	那儿	nàr	代	there	남	あそこ
8.	女	nǚ	名	female	여	女
9.	男	nán	名	male	거기	男
10.	请	qǐng	动	please	-하세요	どうぞ
11.	进	jìn	动	get in	들어가다	入る
12.	请进	qǐng jìn		Come in, please.	들어오세요	どうぞ入ってください
13.	坐	zuò	动	sit	앉다	座る
14.	这儿	zhèr	代	here	여기	ここ
15.	房间	fángjiān	名	room	방	部屋
16.	大	dà	形	big	크다	大きい
17.	洗手间	xǐshǒujiān	名	alavatory, toilet	화장실	お手洗い

第八课 我一个人住

句子 Jùzi Sentences

1. Wǒ zhù zài sùshè.
   我住在宿舍。

2. Wǒ zhù zài xuésheng sùshè.
   我住在学生宿舍。

3. Wǒ zhù zài xuésheng sùshè sān hào lóu.
   我住在学生宿舍三号楼。

对话 Duìhuà Dialogs

哈 利：Lǐ Yáng, nǐ de diànhuà hàomǎ shì duōshao?
       李阳，你的 电话号码是多少?

李 阳：Liùsìsān'èr'èrbāyāoqī. Zhè shì wǒ sùshè de diànhuà.
       64322817。 这是我宿舍的电话。

哈 利：Nǐ yě zhù zài xuésheng sùshè?
       你也住在 学生 宿舍?

李 阳：Shìde, wǒ zhù (zài) sān hào lóu. Zài nàr.
       是的，我 住（在）三 号楼。在那儿。

哈 利：Wǒ yǒu yí ge péngyou zhù zài sì hào lóu.
       我有 一个 朋友，住在 四号楼。

李 阳：Sì hào lóu shì nǚshēng sùshè, wǒmen sān hào lóu shì nánshēng
       四号 楼是女生 宿舍，我们三号楼是 男生

sùshè.
宿舍。

Hā lì: Wǒmen (de) sùshè yǒu nánshēng, yě yǒu nǚshēng.
哈 利：我们（的）宿舍 有 男生，也 有 女生。

2...

[李阳请哈利去他的宿舍玩儿。]

Lǐ Yáng: Hālì, qǐng jìn! Nǐ zuò zhèr ba.
李 阳：哈利，请 进！你 坐 这儿 吧。

Hā lì: Nǐmen de fángjiān hěn dà.
哈 利：你们 的 房间 很 大。

Lǐ Yáng: Shìde. Wǒmen fángjiān yǒu sì ge rén zhù. Hālì, nǐmen
李 阳：是的。我们 房间 有 四 个 人 住。哈利，你们

fángjiān ne?
房间 呢？

Hā lì: Wǒ yí ge rén zhù. Lǐ Yáng, xǐshǒujiān zài nǎr?
哈 利：我 一 个 人 住。李 阳，洗手间 在 哪儿？

Lǐ Yáng: Zài nàr.
李 阳：在 那儿。

1. 语音　Phonetic practice

(1) 对比　Comparisons

sān — suān   càn — cuàn   chán — chuán

第八课　我一个人住

juān — zuān　　　quán — chuán　　　xuàn — suàn

jūn — zūn　　　　yùn — rùn　　　　qún — cún

(2) 韵母　The final

　　e：这　　上课　　宿舍　　喝可乐　　我和你

(3) 声调　The tones

　　ˋ　ˉ：不吃　　不喝　　看书　　照片儿
　　ˋ　ˊ：大楼　　地图　　姓名　　一瓶
　　ˋ　ˇ：号码　　汉语　　不少　　住哪儿
　　ˋ　ˋ：教室　　宿舍　　上课　　电话

2. 替换　Substitution exercise

(1) 我住在<u>三号楼</u><u>105室</u>。

我妈妈	美国
李阳	学生宿舍

(2) <u>这个房间</u>很<u>大</u>。

唐老师的家	大
韩国学生	多

(3) <u>哈利</u> 很 喜欢 <u>一个人住</u>。

我	很	冰淇淋
芳子	不	喝可乐

3. 完成对话　Complete the following dialogs

(1) A：王(Wáng)老师的办公室在哪儿？

B：王老师_____唐老师在一个办公室，306。

A：李(Lǐ)老师_____？

B：他_____在209。

(2) A：你_____？

B：我_____学生宿舍。

A：是不是一个人一个房间？

B：不，我_____。我的同屋 (tóngwū, roommate) 是美国人。

(3) A：你_____住在宿舍？

B：不，我住在爸爸妈妈家。

A：你的房间_____？

B：不，我的房间很小 (xiǎo, small)。

4. 回答问题　Answer the following questions

(1) 你住在哪儿？是不是一个人住？

(2) 你喜欢不喜欢住在学生宿舍？

5. 活动　Activities

(1) 告诉老师和同学你的电话号码和房间号码。

Tell your teacher and classmates your telephone number and room number.

(2) 问老师办公室的电话号码。

Ask your teacher about the telephone number of his/her office.

(3) 调查下面这些电话号码是做什么用的？

Find out what these telephone numbers are for?

114　110　119　120　12121

Dì-jiǔ kè
第九课

Qù dìtiězhàn zěnme zǒu?
去 地铁站 怎么 走?

Rèshēn 热身 Warming up activities

1 读音节 Practising syllables

（1）uō-ōu-iōu   zuǒ-zǒu-yǒu   huò-hòu-yòu

（2）iān   biān   qián   xiàn

2 和前后左右的同学打招呼，并记住他们的名字。
Say Hello to the classmates around you and try to remember their names.

Shēngcí 生词 New words

1. 前	qián	名	front	뒤		前
2. 后	hòu	名	back	뒤		後ろ
3. 左	zuǒ	名	left	왼쪽		左
4. 右	yòu	名	right	오른쪽		右

49

5. 边(儿)	bianr	名	[suffix of nouns of locality]	곁,가장자리	~辺、~側
6. 问	wèn	动	ask	묻다	尋ねる
7. 请问	qǐngwèn	动	May I ask…	실례합니다	すみません？ お尋ねします
8. 地铁	dìtiě	名	subway	지하철	地下鉄
9. 站	zhàn	名	station, stop	역	駅
10. 怎么	zěnme	代	how	어떻게	どのように
11. 走	zǒu	动	walk	(걸어서) 가다	歩く、行く
12. 往	wǎng	介	toward	-(으)로	へ
13. 路	lù	名	road	길	ロード
14. 路口	lùkǒu	名	the crossing, intersection (of roads)	길목,입구	交差点
15. 转	zhuǎn	动	turn	돌다	曲がる
16. 从	cóng	介	from	-에서,부터	から
17. 到	dào	动	arrive	도착하다	まで
18. 人民广场	Rénmín Guǎngchǎng		The People's Square	인민관장 (장소)	人民広場

 Jùzi 句子 Sentences

1. Shāngdiàn zài qiánbianr.
   商店在前边儿。

2. Shāngdiàn zài dìtiězhàn de qiánbianr.
   商店在地铁站的前边儿。

3. Dìtiězhàn zài shāngdiàn de hòubianr.
   地铁站在商店的后边儿。

第九课　去地铁站怎么走?

对话 Duìhuà　Dialogs

1.

丽莎 Lì shā: Qǐngwèn, qù dìtiězhàn zěnme zǒu?
请问，去地铁站怎么走?

行人 Xíng rén: Wǎng qián zǒu, zài nèi ge lùkǒu wǎng yòu zhuǎn.
往前走，在那个路口往右转。

丽莎 Lì shā: Zài yòubianr?
在右边儿?

行人 Xíng rén: Shìde. Zài nèi ge dà shāngdiàn de hòubianr.
是的。在那个大商店的后边儿。

根据对话内容回答问题 Answer questions according to the dialog

(1) 丽莎问什么?
(2) 路口有没有地铁站?

2.

[在地铁站]

丽莎 Lì shā: Dìtiě dào Rénmín Guǎngchǎng ma?
地铁到人民广场吗?

售票员 shòupiàoyuán: Shìde.
是的。

丽莎 Lì shā: Cóng zhèr dào Rénmín Guǎngchǎng yào duōshao qián?
从这儿到人民广场要多少钱?

售票员 shòupiàoyuán: Sì kuài qián.
四块钱。

根据对话内容回答问题 Answer questions according to the dialog

(1) 丽莎去哪儿?

(2) 去人民广场要多少钱?

 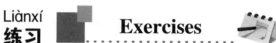

1. 语音　Phonetic practice

　　(1) 音变　Phonetic change

```
  ˊ ˇ         ˊ ˇ        ˇ ˊ ˇ / ˊ ˊ ˇ ①
  广场         往左         往左转
```

　　(2) 声调　The tones

＊表示方位的"边"和儿化的"边儿"都轻读。
"边" and "边儿" sound weak when they indicate directions and locations.

　　左边　　　右边　　　前边　　　后边

　　左边儿　　右边儿　　前边儿　　后边儿

＊一般情况下,量词是默认的旧信息或非重点信息,不需要强调,所以轻读。　Measure words generally sound weak because they are known information in sentences.

　　四块钱　　　三号楼　　　一个车站

＊对比的时候,重读可以强调事物的区别。　Differences should be stressed in comparisons.

　　不是一号楼,是二号楼。

　　铅笔不是四块钱一支,是四毛钱。

　　地铁站在商店的后边儿,不是前边儿。

---

① 三个第三声的独字词连读,有两种变调方式:ˇ ˊ ˇ 和 ˊ ˊ ˇ。
Three single words with the third tone have two liaison ways: ˇ ˊ ˇ or ˊ ˊ ˇ.

第九课　去地铁站怎么走？

2. 模仿造句　Imitation

(1) 去地铁站怎么走？
　　去商店怎么走？
　　到南京路怎么走？

　　_____

(2) 去地铁站要往左转。
　　请你往这儿看。
　　请你们往前走。

　　_____

3. 完成对话　Complete the following dialogs

(1) A：请问，地铁站在哪儿？
　　B：从这儿往前走，_____。

(2) A：_____到地铁站要多少钱？
　　B：两块钱。你们_____？
　　A：我们买四张票（piào, ticket）。

(3) A：你们要去哪儿？
　　B：_____。
　　A：你们怎么去？
　　B：我们_____三号线（xiàn, line）。

(4) A：请问书店（shūdiàn, bookstore）在_____？
　　B：在前边儿，_____路口。
　　A：往_____走吗？
　　B：是的。

4. 回答问题　Answer the following questions

（1）你们的宿舍在哪儿？

（2）从教室到宿舍怎么走？

（3）从教室到食堂（shítáng, cantin）怎么走？

5. 活动　Activities

（1）完成句子。Fill in the blanks.

我们学校（xuéxiào, school）在＿＿＿＿路＿＿＿号。

（2）根据问题说一段话。Make a speech regarding questions below.

你们班有多少人？

你左边儿和右边儿的人是谁？

谁坐在你的前边儿和后边儿？

Dì-shí kè
第十课

Wǒ yào huàn qián
我要换钱

Rèshēn 热身 Warming up activities

1 复习数字和手势　Review digits and gestures for digits

2 在空格处填上数字　Fill in the blanks

十	10	四十		九十	90
十一		四十一		九十二	
十三		四十二	42	九十六	
十九		四十七		九十九	99

Shēngcí 生词 New words

1. 分	fēn	量	0.01 RMB	원의1/100	分
2. 可以	kěyǐ	动	be able to	-해도 괜찮다	~できる
3. 换	huàn	动	exchange	바꾸다	変える
4. 百	bǎi	数	hundred	백	百

#	汉字	拼音	词性	English	한국어	日本語
5.	千	qiān	数	thousand	천	千
6.	万	wàn	数	ten thousand	만	万
7.	小姐	xiǎojiě	名	Miss	-씨(여성)	お嬢さん
8.	橙子	chéngzi	名	orange	오렌지	オレンジ
9.	橙汁	chéngzhī	名	orange juice	오렌지 주스	オレンジジュース
10.	罐子	guànzi	名	jar, pot	통조림	缶詰
11.	罐	guàn	量	tin, can [measure word for drinks]	캔	個
12.	了	le	助	[used at the end of a sentence to indicate a change or a new situation]	상황이나 행동의 변화가 생겼음을나타냄	新しい様態になるのを表す助詞
13.	先生	xiānsheng	名	Mister, sir	-씨(남성)	~さん、男性に対する呼称
14.	支	zhī	量	[measure word of pen, pencil, etc.]	자루	本
15.	笔	bǐ	名	[tools for writing and drawing]	붓	ペン
16.	铅笔	qiānbǐ	名	pencil	연필	鉛筆
17.	还	hái	副	else; in addition	더, 아직	また
18.	美元	měiyuán		Dollar	미국원	米国の通貨(ドル)
19.	人民币	rénmínbì		RMB	(중국)인민폐	人民元
20.	韩元	hányuán		Korean currency	(한국)원	韓国の通貨(ウォン)

第十课　我要换钱

Quantity 数量 (Shùliàng)

100 一百　　101 一百零一　　110 一百一十

1000 一千　　1200 一千二百　　4008 四千零八

9876 九千八百七十六　　10000 一万

12340 一万二千三百四十

Sentences 句子 (Jùzi)

1. Yì měiyuán huàn duōshao rénmínbì?
   一美元换多少人民币？

2. Yì měiyuán huàn liù kuài bā máo jiǔ fēn.
   一美元换六块八毛九分。

Dialogs 对话 (Duìhuà)

1.

金　大永：你好。我要换钱。一万韩元可以换
　　　　　多少人民币？

银行职员：六十七块一毛五分。您换多少？

Jīn　　Dàyǒng：Wǒ yào huàn èrshí wàn (hányuán).
金　　大永：我 要 换 二十 万 （韩元）。

yínháng zhíyuán：Yì qiān sān bǎi wǔshísān kuài.
银行 职员：一 千 三 百 五十三 块。

> **根据对话内容回答问题** Answer questions according to the dialog

(1) 金大永要换多少钱？
(2) 金大永换钱后有多少人民币？

2.

shòuhuòyuán：Xiǎojiě, nǐ yào shénme?
售 货 员：小姐，你 要 什么？

Lì　　shā：Yǒuméiyǒu chéngzhī?
丽　　莎：有没有 橙汁？

shòuhuòyuán：Yǒu. Shí kuài wǔ yí guàn.
售 货 员：有。十 块 五 一 罐。

Lì　　shā：Tài guì le! Wǒ bú yào le.
丽　　莎：太 贵 了！我 不 要 了。

shòuhuòyuán：Xiānsheng, nín ne?
售 货 员：先生，您 呢？

Jīn　　Dàyǒng：Wǒ yào sì zhī bǐ, hái yào liǎng ge běnzi.
金　　大永：我 要 四 支 笔，还 要 两 个 本子。

> **根据对话内容回答问题** Answer questions according to the dialog

(1) 橙汁贵不贵？丽莎买了冰淇淋吗？
(2) 金大永要买什么？

第十课 我要换钱

1. 语音　Phonetic practice

(1) 声调　The tones

- ‑ 丶：七号　　八万　　车站　　商店
- ／丶：不换　　不贵　　还要　　十号
- ∨丶：两罐　　请问　　往后　　走路

(2) 音变　Phonetic changes

| yí kuài | yì máo | yì fēn | yì zhī bǐ |
| 一 块 | 一 毛 | 一 分 | 一 支 笔 |

| yí guàn chéngzhī | yì zhāng zhàopiānr | yí ge péngyou |
| 一 罐 橙汁 | 一 张 照片儿 | 一 个 朋友 |

| yí zuò lóu | yí ge shāngdiàn | yí ge fángjiān |
| 一 座 楼 | 一 个 商店 | 一 个 房间 |

(3) 轻声　Weak syllables without tones

先生　多少　吃了　妈妈

橙子　朋友　没有　前边儿

怎么　你呢　走吧　左边儿

坐吧　后边儿　罐子　太贵了

2. 模仿造句　Imitation

(1) 冰淇淋太贵，我不吃了。
　　我要上课，不去朋友家了。
　　我有中国朋友了。

(2) 我要四支铅笔，还要两个本子。

我有两个哥哥，还有一个姐姐。

我有很多中国朋友，还有一个日本朋友。

_____。

3. 完成对话　Complete the following dialogs

(1) A：小姐，_____？

B：我要一罐可乐。

A：先生，您呢？

B：_____。

A：你们还要什么？

B：不要了。

(2) A：_____？

B：我要一罐可乐。多少钱？

A：_____。还要什么？

B：_____牛奶（niúnǎi, milk）吗？

A：有。三块五一盒（hé, box；pack）。

(3) A：橙子多少钱一斤（jīn, 500g）？

B：五块钱。你要_____？

A：一斤有多少个？

B：_____。

A：我要两斤。这个橙子不好，可以_____吗？

B：可以。

4. 回答问题　Answer the following questions

你们国家（guójiā, nation）的钱叫什么？可以换多少人民币？

5. 活动　Activities

分角色对话。　Role play.

A：服务员（fúwùyuán, waiter; waitress）

B：客人（kèrén, customer）

Dì-shíyī kè
第十一课

Nǎr yǒu shuǐguǒ mài?
哪儿 有 水果 卖？

Rèshēn 热身 — Warming up activities

1 复习 Review

| 换钱 | 商店 | 买橙子 | 喝橙汁 |

2 回答问题 Answer the following questions

(1) 哪儿有商店？你在哪儿买可乐和冰淇淋？

(2) 宿舍的左边儿有没有商店？后边儿呢？

Shēngcí 生词 — New words

1. 超市	chāoshì	名	supermarket	슈퍼마켓	スーパー
2. 里	li	名	inside	안	中
3. 水	shuǐ	名	water	물	水

第十一课　哪儿有水果卖？

4. 水果	shuǐguǒ	名	fruit	과일	果物
5. 卖	mài	动	sell	팔다	売る
6. 东西	dōngxi	名	thing, stuff	물건	もの
7. 学校	xuéxiào	名	school	학교	学校
8. 旁边（儿）	pángbiān(r)	名	side; lateral	옆	隣
9. 都	dōu	副	all (used before verbs or adjectives)	모두,다	～も～、全部
10. (汽)车	(qì)chē	名	vehicle	차	バス
11. 坐车	zuò chē		take a bus or car	차를 타다	バスに乗る
12. 路	lù	量	(of bus) line	번(버스)	線(バスの番号を表す助数詞)
13. 下课	xià kè	动	Class is over.	수업을 마치다	授業が終わる
14. 了	le	助	(used after a verb or an objective)	-했다(과거형 접미사)	動詞の完成態を表す助詞
15. 再见	zàijiàn		See you again. Goodbye.	안녕(히가세요, 안녕(히계세요)	さようなら
16. 好又多	Hǎoyòuduō		(name of a supermarket)	호우다(마트)	スーパーの名前

Jùzi 句子 Sentences

1. Chāoshì li yǒu shuǐguǒ.
   超市里有水果。

2. Chāoshì li yǒu shuǐguǒ mài.
   超市里有水果卖。

3. Chāoshì li hái yǒu hěn duō dōngxi.
   超市里还有很多东西。

Duìhuà 对话 Dialogs

Fāng zǐ: Nǎr yǒu shuǐguǒ mài?
芳 子：哪儿 有 水果 卖？

Lǐ Yáng: Shuǐguǒ? Xuéxiào chāoshì li yǒu (shuǐguǒ mài), (chāoshì) zài
李 阳：水果？学校 超市 里有（水果 卖），（超市）在
sùshè de pángbiānr.
宿舍 的 旁边儿。

Fāng zǐ: Nèi ge chāoshì li de dōngxi tài shǎo le.
芳 子：那个 超市 里的 东西 太 少 了。

Lì shā: Qù "Hǎoyòuduō" ba. Chīde, hēde, wánrde, nàr dōu yǒu.
丽 莎：去"好又多"吧。吃的、喝的、玩儿的，那儿 都 有。

Fāng zǐ: "Hǎoyòuduō"? Zěnme qù?
芳 子："好又多"？怎么 去？

Lì shā: Kěyǐ zuò bāsānlíng lù chē qù. Wǒmen xiàle kè qù ba.
丽 莎：可以 坐 830 路车去。我们 下了课 去吧。

第十一课　哪儿有水果卖？

Fāng　zǐ：Hǎo a．Lǐ Yáng，wǒmen qù shàng kè le．Zàijiàn！
芳　子：好啊。李阳，我们去上课了。再见！

Lǐ　Yáng：Zàijiàn！
李　阳：再见！

根据对话内容回答问题 Answer questions according to the dialog

(1) 芳子喜欢不喜欢宿舍旁边的超市？

(2) 小超市里的东西多不多？

(3) "好又多"里有什么？

Liànxí 练习　Exercises

1. 语音　Phonetic practice

(1) 韵母　The finals

　　uo：　水果　　多少　　坐车　　左右
　　ou：　路口　　还有　　大楼　　都有
　　ian：　旁边　　往前　　房间　　商店

(2) 声母　The initials

　　zh ch sh：汽车　商店　超市　水果　橙汁

(3) 名词后面表示处所的"里"读轻声。

　　"里" is a weak syllabe without tone in these phrases.

　　家里　商店里　超市里　教室里　办公室里

(4) 语气语调　Intonation

陈述句句末语调上升，表示疑问。

A statement turns into a question by ending with a rising tone.

　　水果？↗　　　"好又多"？↗

有特指疑问词的问句，句末语调下降。

A question with interrogative word ends with a falling tone.

　　在哪儿？↘　　超市在哪儿？↘
　　怎么去？↘　　怎么去"好又多"？↘
　　哪儿有？↘　　哪儿有水果卖？↘

2. 模仿造句　Imitation

(1) 超市在宿舍(的)旁边。
　　哈利坐在我(的)旁边。
　　李阳住在我旁边的房间里。
　　_____。

(2) 吃的、喝的、玩儿的，那儿都有。
　　可乐、橙汁，我都喜欢喝。
　　日本人、美国人、印尼人、韩国人，我们学校都有。
　　_____。

(3) 下了课我们去买东西。
　　他下了课去朋友家。
　　到了路口往左转。
　　_____。

第十一课　哪儿有水果卖？

3. 完成对话　Complete the following dialogs

(1) A：请问，这儿有没有词典（cídiǎn, dictionary）？

　　B：我们这儿_____。

　　A：哪儿_____？

　　B：那边儿的书店里有。

　　A：哪边儿？

　　B：你从这儿_____。

(2) A：你_____？

　　B：我住在105。

　　A：芳子呢？

　　B：她在107，在我的_____。

(3) A：我要去人民广场，_____？

　　B：坐地铁去。

　　A：坐几（jǐ, which number）号线？

　　B：_____。

　　A：学校旁边儿有没有地铁站？

　　B：_____。

4. 回答问题　Answer the following questions

(1) 你们学校旁边儿的超市（商店）叫什么名字？

(2) 那个超市（商店）大不大？东西多不多？

(3) 那个超市（商店）里有什么？（用"超市里有A，有B，还有C"回答）

(4) 那个超市（商店）里的东西贵不贵？

5. 活动　Activities

(1) 话题：我喜欢去的超市/商店。根据练习4的问题介绍。
Make a speech to introduce your favourate supermarket or store according to the questions of exercise 4.

(2) 互问互答。　Ask and answer each other.

你们国家的超市里有什么？

什么东西中国超市里有，你们国家的超市里没有？

什么东西中国超市里没有，你们国家的超市里有？

(3) 根据上面的回答说一段话。 Make a speech regarding the answers of (2).

(4) 调查。 Find out the answer.

Zhèi zhǒng shuǐguǒ jiào shénme?
这　种　水果　叫　什么？

第十二课 Dì-shí'èr kè

Jīntiān shì shéi de shēngrì?
今天是谁的生日?

 Rèshēn 热身 Warming up activities

1 复习 Review

左边儿　右边儿　前边儿　后边儿　这边儿　旁边儿

2 读句子 Read sentences

水果店在书店的左边儿。

超市在书店的右边儿。

超市在水果店的哪边儿?

3 回答问题 Answer questions

你们学校旁边儿有没有书店?书店在学校的哪边儿?

Shēngcí 生词 — New words

1.	蛋	dàn	名	egg	알	卵
2.	蛋糕	dàngāo	名	cake	케잌	ケーキ
3.	上	shàng	名	up, on	올라가다 위	アップ上
4.	下	xià	名	down, under	내려가다 아래	ダウン
5.	生日	shēngrì	名	birthday	생일	誕生日
6.	今天	jīntiān	名	today	오늘	今日
7.	请客	qǐng kè	动	treat someone	대접하다	おごり
8.	(米)饭	(mǐ) fàn	名	rice	(쌀)밥	ご飯
9.	吃饭	chī fàn	动	have a meal	밥을 먹다	ご飯を食べる
10.	送	sòng	动	present (a gift)	보내다,주다	贈る
11.	打球	dǎ qiú		play ballgames	공을 치다	ボールを打つ
12.	篮球	lánqiú	名	basketball	농구	バスケットボール
13.	给	gěi	动	give	주다	あげる
14.	想	xiǎng	动	think, want	-하고 싶다	思う
15.	会	huì	动	may be	아마	仮定態を表す助詞

第十二课　今天是谁的生日？

16. 会…的	huì…de		certainly	분명히	～に違いない，きっと～だ
17. 盒子	hézi	（名）	box	케이스	箱
18. 月	yuè	（名）	month	월	月

1. Dàngāo shàngbianr yǒu shuǐguǒ.
   蛋糕上边儿有水果。

2. Shēngrì dàngāo shàngbianr yǒu shuǐguǒ.
   生日蛋糕上边儿有水果。

3. Shēngrì dàngāo shàngbianr yǒu hěn duō shuǐguǒ.
   生日蛋糕上边儿有很多水果。

[在宿舍]

哈　利：Jīntiān shì Lǐ Yáng de shēngrì, tā yào qǐng wǒmen chī fàn.
今天 是 李 阳 的 生日，他 要 请 我们 吃 饭。

芳　子：Wǒmen yào sòng shénme dōngxi?
我们 要 送 什么 东西？

71

哈利：李阳喜欢打篮球。我买了一个（篮球）给他。

我想他会喜欢的。

芳子：我去买个蛋糕吧。

根据对话内容回答问题 Answer questions according to the dialog

(1) 今天是谁的生日？

(2) 今天谁请客？

(3) 哈利买了什么东西送给李阳？

2...

[在蛋糕店]

芳子：我要一个生日蛋糕。

售货员：这个蛋糕好不好？上边儿有很多水果。

芳子：不，我要下边儿那个。这是不是今天的蛋糕？

售货员：是的。你看蛋糕盒子上写的是：5月11号。

根据对话内容回答问题 Answer questions according to the dialog

(1) 芳子去蛋糕店买什么？

(2) 芳子买的蛋糕上有什么？

第十二课 今天是谁的生日？

Liànxí 练习 Exercises

1. 语音 Phonetic practice

(1) 对比 Comparisons

shàng kè   xià kè   shàng chē   xià chē
上　课 — 下　课   上　车 — 下　车

shàng lóu   xià lóu   lóu shàng   lóu xià
上　楼 — 下　楼   楼　上 — 楼　下

(2) 声母 The initials

z c s ：送　　左右　　再见　　请坐　　怎么走　　从这儿

x　：我想　　上下　　喜欢　　学校　　小姐　　先生

(3) 语气语调 Intonation

李阳的生日？↗　　我去买个蛋糕？↗　　去"好又多"？↗

(4) 轻音 / 重音 Accentual and unaccentual words

＊人称代词作宾语一般轻读。

Generally personal pronouns sound weakly, if they were object.

送给你　　　请他吃饭　　　我认识他

＊如果人称代词所指代人物是交际的焦点，则需要重读。

Personal pronouns would be accentuated if they were the focus in the conversation.

A：是不是你的生日？　　A：这是谁买的蛋糕？
B：不是我，是他。　　　B：是她买的。

2. 模仿造句 Imitation

(1) 我给他一个篮球。

　　我送给他一个篮球。

老师送给我一本书。
_____。

(2) 李阳请我们吃饭。
我请你吃蛋糕。
他请我们喝可乐。

_____。

(3) 李阳会喜欢这个篮球的。
今天是我的生日，他会来我家的。
这个东西太贵了，丽莎不会买的。

_____。

3. 完成对话　Complete the following dialogs

(1) A：_____？（谁）

B：今天是哈利的生日。

A：你_____？（送）

B：我买了一个蛋糕_____。

(2) A：李阳，你在哪儿请客？

B：在_____。

A：你还请了谁？

B：我请了六个朋友，三个中国人，三个外国人 (wàiguórén, foreigner)。

A：外国人？他们会去吗？

B：他们都是我的好朋友，_____。（会……的）

第十二课　今天是谁的生日？

(3) A：这是我送给你的＿＿＿＿＿。

　　B：太好了！谢谢你。＿＿＿＿＿。（喜欢）

　　A：我昨天买了草莓（cǎoméi, strawberry），吃吧。

　　B：在中国，草莓贵不贵？

　　A：＿＿＿＿＿＿＿＿＿＿＿＿＿＿。

4. **回答问题**　Answer the following questions

(1) 你的生日是哪天？

(2) 在你的生日那天，你想要什么？

(3) 你爸爸妈妈的生日是哪天？你想送什么给他们？

5. **活动**　Activities

(1) 说一说：在你们家，过生日要吃什么？
   Make a speech: Special food for Birthday in your home/hometown.

(2) 问中国朋友："Happy birthday to you!"汉语怎么说？
   Ask your Chinese firend: How to say "Happy birthday to you" in Chinese?

(3) 学着用汉语唱"生日快乐"歌。
   Learn to sing *Happy Birthday to You* in Chinese.

Dì-shísān kè
第十三课

Wǒ yào qǐng wǔ tiān jià
我要请五天假

Rèshēn 热身 Warming up activities

1 回答问题 Answer questions

（1）你的课多不多？
（2）今天你有多少课？
（3）你喜欢不喜欢上汉语课？

2 填空并朗读句子 Fill in the blanks and read the sentence

今天是___月___号。今天我们有___课和___课。

Shēngcí 生词 New words

1. 打算	dǎsuàn	动	plan	-하려고 하다	~つもりだ
2. 一起	yìqǐ	副	together	같이	一緒に
3. 天	tiān	名	day	날,하늘	日

76

第十三课　我要请五天假

4.	对不起	duìbuqǐ		Excuse me.	미안합니다	すみません
5.	空儿	kòngr	名	free time	여가시간	暇
6.	事儿	shìr	名	matter	일	用事
7.	请假	qǐng jià	动	ask for leave	휴가를 신청하다	休暇をもらう
8.	明天	míngtiān	名	tomorrow	내일	明日
9.	来	lái	动	come	오다	来る
10.	机场	jīchǎng	名	airport	공항	空港
11.	接	jiē	动	to pick up someone; to answer a phone call	마중하다	迎える
12.	几	jǐ	代	how many [ask for quantity less than 10]	몇	いくつ
13.	打电话	dǎ diànhuà		make phone call	전화하다	電話をする
14.	给	gěi	介	to, for [used before a verb to introduce the object]	에게	～に
15.	哦	ò	叹	[expressing realization and understanding]	아	ああ
16.	北京	Běijīng		Beijing [name of the capital of China]	북경(도시)	北京

1. Wǒ dǎsuàn qù Běijīng.
   我打算去北京。

2. Wǒ dǎsuàn qù Běijīng wánr.
   我打算去北京玩儿。

3. Wǒ dǎsuàn hé bàba māma yìqǐ qù Běijīng wánr.
   我打算和爸爸妈妈一起去北京玩儿。

4. Wǒ dǎsuàn hé bàba māma yìqǐ qù Běijīng wánr wǔ tiān.
   我打算和爸爸妈妈一起去北京玩儿五天。

[在唐老师的办公室]

Hā lì: Duìbuqǐ, Táng lǎoshī. Nín yǒu kòngr ma?
哈 利：对不起，唐 老师。您 有 空儿 吗？

Táng Huá: Hālì, qǐng jìn! Nǐ yǒu shénme shìr?
唐 华：哈利，请 进！你 有 什么 事儿？

Hā lì: Wǒ yào qǐng jià.
哈 利：我 要 请 假。

Táng Huá: Zěnme le?
唐 华：怎么 了？

Hā lì: Míngtiān wǒ bàba māma yào lái Shànghǎi. Wǒ yào qù jīchǎng
哈 利：明天 我爸爸妈妈 要 来 上海。我 要 去 机场

第十三课 我要请五天假

jiē tāmen.
接 他们。

Táng Huá: Ò, qù ba.
唐 华：哦，去吧。

根据对话内容回答问题 Answer questions according to the dialog

(1) 哈利去唐老师的办公室有什么事儿？
(2) 哈利去哪儿接爸爸妈妈？

2...

Hā lì: Lǎoshī, wǒ bàba māma yào qù Běijīng wánr. Wǒ xiǎng hé
哈 利：老师，我 爸爸 妈妈 要 去 北京 玩儿。我 想 和
tāmen yìqǐ qù, kěyǐ ma?
他们 一起 去，可以 吗？

Táng Huá: Kěyǐ. Nǐmen dǎsuàn qù jǐ tiān?
唐 华：可以。你们 打算 去 几 天？

Hā lì: Wǔ tiān.
哈 利：五 天。

Táng Huá: Qù ba. Yǒu shìr gěi wǒ dǎ diànhuà.
唐 华：去 吧。有事儿 给 我 打 电话。

Hā lì: Hǎode. Lǎoshī zàijiàn!
哈 利：好的。老师 再见！

根据对话内容回答问题 Answer questions according to the dialog

(1) 哈利要请多少天假？
(2) 谁要去北京？

1. 语音　Phonetic practice

(1) 韵母　The finals

-n　：今天　　您好　　打算　　什么　　怎么了

-ng　：我想　　请假　　生日　　机场　　北京

uei　：会　　水果　　太贵　　对不起

(2) 音变　Phonetic change

　ˊ ˇ　　ˊ ˇ ˋ　　ˊ ˇ ˋ　　ˇ ˊ ˇ ˋ　　ˊ ˇ ˋ　　ˊ ˇ ˊ ˋ

　我想　我请假　可以去　你可以去　我有事儿　给我打电话

(3) 送气声母　Aspirated initials

k：可以　　上课　　请客　　有空儿

q：一起　　请假　　去吧　　前边儿

(4) 语气语调　Intonation

一般疑问句的句末语气词"吗"发音低而短；如果发音高而长，则表达惊讶、不相信等语气。 Generally, "吗" sounds short and low in an interrogative sentence but it may sound high and long to show moods like surprise, unbelievable, etc.

您有空儿吗？　　我请一天假，可以吗？　　你有事儿吗？

2. 模仿造句　Imitation

(1) 明天不上课，可以吗？

　　不在教室学习，可以吗？

　　给我一张地图，可以吗？

第十三课　我要请五天假

(2) 我请了两天假。

我请了两天假去看朋友。

我要请假去机场接朋友。

---

3. **完成对话**　Complete the following dialogs

(1)（老师在点名。The teacher is calling the roll.）

A：丽莎！

B：到。

A：芳子！芳子呢？

B：老师，芳子感冒（gǎnmào, to get a cold）了，今天_____。

A：哦。

(2) A：哈利，你的作业（zuòyè, homework）呢？

B：对不起，老师，我的作业本在_____。

A：没关系（méi guānxi, It doesn't matter.），_____。(明天)

(3) A：你打算去哪儿吃饭？

B：我想_____，我们_____去吧。（一起）

A：给芳子打电话，叫她_____。

B：好。……没有人_____电话，她不在房间里。

(4)（哈利给李阳打电话）

李　阳：喂（wèi），你好！

哈　利：是李阳吗？

李　阳：_____。

哈　利：我是哈利。我想问你一件（jiàn, measure word for "事儿"）事儿。_____去机场的公共汽车？

李　阳：有。你可以坐机场七_____线。

4. 回答问题　Answer the following questions

(1) 你来中国多少天了？

(2) 你喜欢和谁一起玩儿？

5. 活动　Activities

(1) 分角色对话。

学生给老师打电话请假。　A student calls his teacher to ask for leave.

(2) 看看日历，哪天不上课？

Check the calendar and tell in which days you needn't come to school.

日SUN	一MON	二TUE	三WED	四THU	五FRI	六SAT
				1 国庆节	2 十四	3 中秋节
4 十六	5 十七	6 十八	7 十九	8 寒露	9 廿一	10 廿二
11 廿三	12 廿四	13 廿五	14 廿六	15 廿七	16 廿八	17 廿九
18 九月	19 初二	20 初三	21 初四	22 初五	23 霜降	24 初七
25 初八	26 重阳节	27 初十	28 十一	29 十二	30 十三	31 十四

Dì-shísì kè
第十四课

Nǐ tīngshuō le méiyǒu?
你 听说 了 没有？

回答问题 Answer questions

(1) 你喜欢和谁一起吃饭？
(2) 今天你打算在哪儿吃饭？
(3) 你喜欢吃中国菜（cài, dish）吗？

1. 中午	zhōngwǔ	名	noon	정오	正午・12時前後	
2. 午饭	wǔfàn	名	lunch	점심	昼ごはん	
3. 食堂	shítáng	名	canteen	(구내)식당	食堂	
4. 还是	háishi	连	or [used in a question]	또는, 아니면	あるいは	
5. 外	wài	名	out, outside	밖	外	

6.	餐厅	cāntīng	名	restaurant	식당,음식점	レストラン
7.	说	shuō	动	speak, say	말하다	話す
8.	听	tīng	动	hear, listen	듣다	聞く
9.	听说	tīngshuō	动	hear of	-라고 들었다	聞くところによると~だそうだ
10.	旅游	lǚyóu	动	travel, tour	여행(하다)	旅行
11.	昨天	zuótiān	名	yesterday	어제	昨日
12.	或者	huòzhě	连	or	혹은,아니면	あるいは
13.	地方	dìfang	名	place	장소,곳	場所
14.	有名	yǒumíng	形	famous	유명하다	有名
15.	花园	huāyuán	名	garden	화원	ガーデン
16.	怎么样	zěnmeyàng	代	How is that?	어떻습니까	どうだろう
17.	杭州	Hángzhōu		Hangzhou [name of a city]	항주(도시)	杭州
18.	苏州	Sūzhōu		Suzhou [name of a city]	소주(도시)	蘇州
19.	西湖	Xīhú		Xihu [name of a lake]	서호(호수)	西湖

 Jùzi 句子 Sentences

1. Wǒmen qù nǎr chī wǔfàn?
   我们去哪儿吃午饭？

2. Qù xuésheng shítáng háishi wàibianr de cāntīng?
   去学生食堂还是外边儿的餐厅？

3. Wǒmen qù xuésheng shítáng háishi wàibianr de cāntīng chī wǔfàn?
   我们去学生食堂还是外边儿的餐厅吃午饭？

第十四课 你听说了没有？

对话 Duìhuà / Dialogs

Lì shā: Wǒmen qù nǎr chī wǔfàn? Xuésheng shítáng háishi wàibianr de cāntīng?
丽莎：我们去哪儿吃午饭？学生食堂还是外边儿的餐厅？

Fāng zǐ: Dōu kěyǐ.
芳子：都可以。

Lì shā: Xuésheng shítáng li rén tài duō, wǒmen qù wàibianr ba.
丽莎：学生食堂里人太多，我们去外边儿吧。

Fāng zǐ: Hǎo a. Lìshā, nǐ tīngshuō le méiyǒu? Wǒmen yào qù lǚyóu.
芳子：好啊。丽莎，你听说了没有？我们要去旅游。

Lì shā: Zuótiān wǒ tīng Táng lǎoshī shuō le. Wǒmen kěyǐ qù Sūzhōu huòzhě Hángzhōu. Nǐ shuō, qù shénme dìfang hǎo?
丽莎：昨天我听唐老师说了。我们可以去苏州或者杭州。你说，去什么地方好？

Fāng zǐ: Liǎng ge dìfang dōu hěn hǎo. Sūzhōu yǒu hěn duō huāyuán.
芳子：两个地方都很好。苏州有很多花园。

Lì shā: Hángzhōu zěnmeyàng?
丽莎：杭州怎么样？

Fāng zǐ: Hángzhōu yǒu yí ge Xīhú, (Xīhú) hěn yǒumíng.
芳子：杭州有一个西湖，（西湖）很有名。

根据对话内容回答问题 Answer questions according to the dialog

(1) 她们打算去哪儿吃饭？
(2) 她们要去哪儿旅游？

1. 语音　Phonetic practice

(1) 声调　Tones

- ‾ ‾：听说　苏州　餐厅　今天
- ˇ ˊ：有名　旅游　打球　给您
- ˇ ˋ：午饭　请假　有空儿　有事儿

(2) 对比　Comparisons

- t：太多　听说　餐厅　食堂
- d：都好　地方　电话　打算

(3) 轻音/重音　Accentual and unaccentual words

＊下列句子中"还是"的"是"轻读。

"是" is unaccentuated in these sentences.

去学生食堂还是外边儿的餐厅？

你要买一罐可乐还是一瓶可乐？

去苏州好还是去杭州好？

＊在名词后面表示处所的"上"读轻声。

"上" is a weak and short syllable without tone when it indicates location with a noun.

书上有苏州的照片儿。

照片儿上有我的爸爸妈妈。

蛋糕上有很多水果。

2. 模仿造句　Imitation

(1) 你说，去什么地方好？

第十四课　你听说了没有？

你说，买什么东西好？

你说，我们什么时候去他家好？

_____

(2) 给我可乐或者橙汁都可以。

我们去日本餐厅或者韩国餐厅吃饭。

坐地铁或者公共汽车都可以到学校。

_____

(3) 学生食堂人太多，去外边儿的餐厅吧。

这个超市的东西太少，去"好又多"吧。

左边儿没有商店，往右转吧。

_____

(4) 我听唐老师说这本书很好。

我听芳子说日本的水果很贵。

我听哈利说他喜欢喝可乐。

_____

3. 完成对话　Complete the following dialogs

(1) A：我们怎么去南京路？坐地铁_____公共汽车？

　　B：_____都可以。

(2) A：我想买面包 (miànbāo, bread)。

　　B：学校旁边有面包店。你可以去那儿_____超市买。(或者)

　　A：超市人太多，_____。(……吧)

(3) A：你听说了没有？今天是大永的生日。

　　B：_____。(听说)

A：_____?（送）

B：我打算买个蛋糕。

4. 回答问题　Answer the following questions

（1）你喜欢旅游吗？

（2）学校旁边儿有没有花园？

（3）去花园玩儿是不是旅游？

5. 活动　Activities

（1）看地图，找找苏州和杭州在哪儿。Find Suzhou and Hangzhou on the map.

（2）问问你的中国朋友：苏州和杭州有什么景点（jǐngdiǎn，scenic spot）？
Ask your Chinese firend about the scenic spots in Suzhou and Hangzhou.

（3）介绍杭州或者苏州的景点。
Introduce a scenic spot of Suzhou or Hangzhou in Chinese.

（4）说话：Make a speech:
题目（Topic）：我想去……旅游
用这些词语（Use these words）：听说　有名　坐车　可以
从……到……

Dì-shíwǔ kè
第十五课

Wǒ bù zhīdào
我 不 知 道

Rèshēn 热身 Warming up activities

1 边看边读 Try to read

shí'èrdiǎn(zhōng)　　wǔdiǎn sìshíyīfēn　　bādiǎn sìshísìfēn
十二点 （钟）　　五点 四十一分　　八点 四十四分

2 试一试：这是几点钟？ Try to tell the time.

Shēngcí 生词 New words

1. 钟	zhōng	名	clock	정각	時計
2. 点(钟)	diǎn (zhōng)	名	o'clock	시	時
3. 分	fēn	名	minute	분	分
4. 导游	dǎoyóu	名	tour guide	가이드	ガイド
5. 外国	wàiguó	名	foreign country	외국	外国
6. 些	xiē	量	some, a few (used after quantity or demonstrative pronoun)	조금	少し
7. 会	huì	动	to have certain skills or knowledge after learning	-할 수 있다	できる、熟練している
8. (一)点儿	(yì)diǎnr	数量	a little, a few (used before a noun)	조금	少し、ちょっと
9. 后天	hòutiān	名	the day after tomorrow	모레	明後日
10. 早上	zǎoshang	名	morning	아침	朝
11. 休息	xiūxi	动	have a break	쉬다	休み
12. 意思	yìsi	名	meaning	뜻, 의미	意味
13. 没意思	méi yìsi		boring	재미 없다	つまらない
14. 所以	suǒyǐ	连	so, therefore	그래서	だから
15. 做	zuò	动	do	하다	する
16. 练习	liànxí	名	practice; exercise, drill	연습(하다)	練習

第十五课 我不知道

17. 知道　　zhīdào　　动　　know　　알다　　知る
18. 有意思　yǒu yìsi　　　　interesting　재미있다　面白い

Jùzi 句子 Sentences

1. Liùshíyī ge xuésheng, èrshíqī ge nán de, sānshísì ge nǚ de.
   61 个学生，27 个男的，34 个女的。

2. Yǒu èrshíqī ge nán xuésheng hé sānshísì ge nǚ xuésheng qù Hángzhōu.
   有 27 个男学生和 34 个女学生去杭州。

3. Yǒu liùshíyī ge xuésheng qù Hángzhōu, èrshíqī ge nán de, sānshísì ge nǚ de.
   有 61 个学生去杭州，27 个男的，34 个女的。

Duìhuà 对话 Dialogs

Dǎo　yóu: Táng lǎoshī, yǒu duōshao ge xuésheng qù Hángzhōu?
导　　游：唐 老师，有 多少 个 学生 去 杭州？

Táng Huá: Yǒu liùshíyī ge, èrshíqī ge nán de, sānshísì ge nǚ de.
唐　华：有 61 个，27 个 男 的，34 个 女 的。

Dǎo　yóu: Dōu shì wàiguó xuésheng ma? Tāmen huìbuhuì shuō Hànyǔ?
导　　游：都 是 外国 学生 吗？他们 会不会 说 汉语？

Táng Huá: Zhèixiē xuésheng dōu huì yìdiǎnr Hànyǔ. Hòutiān lǚyóuchē jǐ
唐　华：这些 学生 都 会 一点儿 汉语。后天 旅游车 几

diǎnzhōng dào xuéxiào?
点钟 到 学校？

Dǎo yóu: Hòutiān zǎoshang bā diǎn sānshí fēn dào.
导　游：后天　早上　八点　三十　分到。

根据对话内容回答问题　Answer questions according to the dialog

(1) 去杭州的男生多还是女生多？
(2) 他们会说汉语吗？
(3) 他们怎么去杭州？

[在旅游车上]

Táng Huá: Zài chē shang xiūxi hěn méiyìsi, suǒyǐ wǒmen zuò kǒuyǔ
唐　华：在车　上　休息很　没意思，所以　我们　做口语

liànxí ba.
练习吧。

Hā lì: Á? Bú yào!
哈　利：啊？不要！

Táng Huá: Fāngzǐ, wǒ wèn nǐ, Hālì zhīdào bu zhīdào Hángzhōu yǒu Xīhú?
唐　华：芳子，我问你，哈利知道不知道　杭州有西湖？

Fāng zǐ: Tā? Wǒ bù zhīdào tā…… zhīdào bu zhīdào.
芳　子：他？我不知道他……知道不知道。

Táng Huá: Hǎo! Tóngxuémen, yìqǐ shuō: "Wǒ bù zhīdào tā zhīdào bu
唐　华：好！同学们，一起　说："我不知道他知道不

zhīdào."
知道。"

第十五课 我不知道

Hā lì：Zhèi ge liànxí yǒuyìsi!
哈 利：这 个 练习 有意思!

根据对话内容回答问题 Answer questions according to the dialog

(1) 他们在哪儿做口语练习?
(2) 哈利喜欢这个口语练习吗?

1. 语音　Phonetic practice

(1) 韵母　The finals

ie：一些　谢谢　姐姐　接朋友
ian：点钟　练习　再见　前边儿

(2) 声调　The tones

ˊˉ：男生　杭州　房间　明天　昨天
ˇˉ：哪些　女生　老师　点钟　你说

(3) 轻声　Syllables without tones

学生　多少　男的　知道　早上　有意思

2. 模仿造句　Imitation

(1) 我们班有11个学生，7个男的，4个女的。
这儿有两个房间，一个大的，一个小的。
这儿有两本汉语书，一本是我的，一本是哈利的。

(2) 我们八点钟走。

他十二点钟吃饭。

你打算几点钟去机场？

_____

3. 完成对话　Complete the following dialogs

(1) A：我们去打篮球吧。

B：我不_____。（会）

A：我教（jiāo, to teach）你怎么打。

(2) A：你在看什么？

B：我_____。

A：这本书怎么样？

B：_____。（有意思）

4. 回答问题　Answer the following questions

(1) 今天你几点钟上课？几点钟下课？

(2) 你几点钟到教室？

5. 活动　Activities

(1) 讨论。　Discuss.

早上八点钟上课是不是太早了？你说什么时候上课好？

(2) 游戏。　Play a game.

把学生分成四组，一组写时间，一组写地点，一组写动词，一组写名词。把四组纸条打乱，再组合成句子。

第十五课　我不知道

Students are divided into four groups. The first group writes time words on small papers, the second writes locations, the third writes verbs and the last one writes nouns. Collect one paper from each group and make a sentence.

(3) 调查。　Find out.

中国朋友过生日的时候，可不可以送给他/她一个钟？

In China, can you present a clock as a birthday gift?

第十六课
Dì-shíliù kè

别 迟到
Bié chídào

Rèshēn 热身 Warming up activities

1 复习 Review

早上　中午　午饭　上　下

2 猜一猜 Guess

早上好　早饭　上午　下午

3 读一读，然后回答问题 Read and answer the questions

(1) 早上你吃不吃饭？

(2) 今天早上你吃饭了没有？

(3) 今天你吃早饭了没有？

第十六课 别迟到

生词 Shēngcí / New words

1.	睡觉	shuì jiào	动	sleep	자다	眠る
2.	还	hái	副	still	아직,더	まだ~している
3.	床	chuáng	名	bed	침대	ベット
4.	起床	qǐ chuáng	动	get up	일어나다	起きる
5.	现在	xiànzài	名	now	지금	現在、今
6.	别	bié	副	don't	-지 마라	~するな
7.	别…了	bié…le		please stop doing	-지 마세요	~しないでください
8.	早饭	zǎofàn	名	breakfast	아침식사	朝ごはん
9.	先	xiān	副	earlier, first	먼저	先
10.	迟到	chídào	动	be late for	지각하다	遅刻
11.	时候	shíhou	名	time	때	時間
12.	出发	chūfā	动	depart	출발하다	出発
13.	早上好	zǎoshang hǎo		Good morning!	좋은 아침	おはようございます
14.	半	bàn	数	half	절반	半
15.	回	huí	动	come back or go back	돌아가다	帰る
16.	下车	xià chē	动	get off the bus	(차에서) 내리다	車を降りる
17.	跟	gēn	动	follow	따라가다	～のあとについて
18.	网师园	Wǎngshī Yuán		(name of a garden)	망사원(화원)	網師園

风光汉语 初级口语 I

句子 Jùzi / Sentences

1. Wǒ xiǎng shuì jiào.
   我想睡觉。

2. Wǒ hái xiǎng shuì jiào.
   我还想睡觉。

3. Qīdiǎn shífēn le, wǒ hái xiǎng shuì jiào.
   七点十分了,我还想睡觉。

对话 Duìhuà / Dialogs

1.

Fāng zǐ: Lìshā, qǐ chuáng le!
芳 子：丽莎,起 床 了!

Lì shā: Xiànzài jǐ diǎn le?
丽 莎：现在 几点 了?

Fāng zǐ: Qīdiǎn shífēn le. Qǐ chuáng ba. Wǒmen yìqǐ qù chī zǎofàn.
芳 子：七点 十分 了。起 床 吧。我们 一起 去 吃 早饭。

Lì shā: Nǐ xiān qù ba. Wǒ hái xiǎng shuì jiào!
丽 莎：你 先 去 吧。我 还 想 睡觉!

Fāng zǐ: Nǐ bié shuì le, huì chídào de.
芳 子：你 别 睡 了,会 迟到 的。

Lì shā: Dǎoyóu shuō shénme shíhou chūfā?
丽 莎：导游 说 什么 时候 出发?

Fāng zǐ: Bā diǎnzhōng chūfā.
芳 子：八 点钟 出发。

第十六课　别迟到

根据对话内容回答问题 Answer questions according to the dialog

(1) 芳子和丽莎几点钟起床？

(2) 起床后她们打算做什么？

导　游：早上好！

黄佳佳：早！今天我们去什么地方？

导　游：今天要去两个地方。现在先去网师园。

黄佳佳：网师园是不是有名的花园？

导　游：是的。网师园到了。现在是八点四十分，请你们十点半回到车上，别迟到。现在下车，跟我走。

根据对话内容回答问题 Answer questions according to the dialog

(1) 他们在什么地方玩儿？

(2) 导游说什么时候回到车上？

1. 语音　Phonetic practice

(1) 声母　The initials

　　f：分钟　　出发　　吃饭　　房间　　地方

　　h：回　　花园　　还要　　或者

(2) 对比　Comparisons

　　上下　上车　下车　上课　下课　上午　下午

(3) "一"的音变　Phonetic change of "一"

　　yí liàng chē　　yì zhāng chuáng　　yí ge huāyuán
　　一　辆　车　　一　张　　床　　一　个　花园

　　yí ge dǎoyóu　　yí dùn fàn　　yí jiàn shìr
　　一　个　导游　　一　顿　饭　　一　件　事儿

(4) 下面短语中的"到"轻读。"到" should be pronounced weakly in these phrases.

　　回到车上　回到家里　走到教室　走到路口　来到中国

2. 模仿造句　Imitation

(1) 请回到车上来。

　　跑到办公室去了。

　　哈利走到花园里去了。

(2) 明天别迟到。

　　他没空儿，别叫他。

第十六课 别迟到

他要睡觉，你别给他打电话。

_____

(3) 别睡了，起床吧。

你别走了，和我一起吃饭吧。

还不知道吗？别想了，去问中国朋友吧。

_____

(4) 芳子起床了，丽莎还想睡觉。

朋友们都去旅游了，他还在宿舍。

我睡觉的时候，爸爸还没回家。

_____

3. 完成对话　Complete the following dialogs

(1) A：现在是_____。你迟到了。

　　B：对不起。我的钟坏（huài, doesn't work）了。

　　A：明天_____。（别）

　　B：是。

(2) A：你回宿舍吗？我们一起走吧。

　　B：你_____。我要去超市买点儿东西。（先）

　　A：再见。

(3) A：请问，地铁站_____？

　　B：我也坐地铁，你跟我走吧。

　　A：谢谢你。

　　B：_____。

(4) A：你爸爸坐的飞机（fēijī, airplane）几点到？

　　B：_____。

　　A：你_____出发去机场？

　　B：早上九点。

4. 回答问题　Answer the following questions

(1) 中午你睡不睡觉？

(2) 下午上课的时候，你会不会睡觉？

(3) 你们上午的课多还是下课的课多？

(4) 不上课的时候，你喜欢做什么？

5. 活动　Activities

(1) 看行程表，猜猜表格右列短语的意思。Read the itinerary and think about the meaning of the words on the right.

7:00	叫早
7:30	吃早饭
8:00	出发
8:15	到人民广场
10:00	到外滩（Wàitān, the Bund）
11:45	上车
12:15	到餐厅

(2) 现在你是导游。按照上面的时间表，告诉游客们明天要做什么。
Suppose you are a tour guide, tell travelers your plan according to the schedule above.

第十六课　别迟到

(3) 到了人民广场，下车以前 (yǐqián, before) 你要说什么？
When you arrive at the People Square, what will you say to the tourists before getting off the bus?

(4) 11:45，他们上车以后（yǐhòu, after），你要做什么、说什么？
What will you say and do after tourists getting on bus at 11:45?

(5) 这张时间表好不好？如果不好，请你重新安排。
Do you think the itinerary good? If not, please make a new one.

_____	叫早
_____	叫早饭
_____	
_____	
_____	
_____	

103

Dì-shíqī kè
第十七课

Hóngchá háishi lǜchá?
红茶 还是 绿茶？

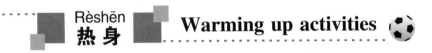

Rèshēn 热身 — Warming up activities

1 复习 Review

可乐　橙汁　喝　吃　请客

2 回答问题 Answer questions

(1) 上汉语课的时候，可不可以喝饮料（yǐnliào, drinks）？
(2) 旅游的时候，你买什么饮料？
(3) 你知道中国人喜欢喝什么饮料吗？

Shēngcí 生词 — New words

1. 种	zhǒng	量	kind, type	종류,부류	種類
2. 茶	chá	名	tea	차	お茶

第十七课　红茶还是绿茶？

3. 好喝	hǎohē	形	delicious (only for drinks)	맛있다(음료)	おいしい
4. 觉得	juéde	动	think of, feel	생각하다,느끼다	~とおもう
5. 怎么	zěnme	代	why	어떻게,왜	なぜ
6. 咖啡	kāfēi	名	coffee	커피	コーヒー
7. 最	zuì	副	the best	가장	最も
8. 饮料	yǐnliào	名	drinks	음료	飲み物
9. 应该	yīnggāi	动	should	-해야 하다	~すべきだ
10. 尝	cháng	动	have a taste	맛보다	味見
11. 对	duì	形	right	맞다	正しい
12. 只	zhǐ	副	only	겨우,단지	ただ
13. 红（色）	hóng(sè)	名	red	빨강색	赤(色)
14. 绿（色）	lǜ(sè)	名	green	녹색	緑(色)
15. 嗯	ǹg	叹	yes, ah (a sound to show agreement or thinking)	용	うん
16. 香	xiāng	形	fragrant	향기롭다	香りがいい
17. 开始	kāishǐ	动	start, begin	시작(하다)	開始
18. 龙井茶	Lóngjǐngchá		(a kind of tea which produced at Hangzhou)	용정차(차)	龍井茶

105

Jùzi 句子 — Sentences

1. Zhèi zhǒng chá hěn hǎohē.
   这种茶很好喝。

2. Wǒ juéde zhèi zhǒng chá hěn hǎohē.
   我觉得这种茶很好喝。

3. Wǒmen dōu juéde zhèi zhǒng chá hěn hǎohē.
   我们都觉得这种茶很好喝。

Duìhuà 对话 — Dialogs

Hā lì: Fāngzǐ, Lìshā, qǐng jìn. Wǒ qǐng nǐmen hē chá.
哈利：芳子、丽莎，请进。我请你们喝茶。

Lì shā: Hē chá? Nǐ zěnme bù hē kāfēi le?
丽莎：喝茶？你怎么不喝咖啡了？

Hā lì: Chá shì Zhōngguórén zuì xǐhuan de yǐnliào. Wǒ xiǎng, wǒmen zài
哈利：茶是中国人最喜欢的饮料。我想，我们在

Zhōngguó xuéxí, yīnggāi chángchang Zhōngguó de chá.
中国学习，应该尝尝中国的茶。

Lì shā: Duì, Táng lǎoshī yě shuō: "Nǐmen bié zhǐ xué Hànyǔ, hái yào
丽莎：对，唐老师也说："你们别只学汉语，还要

zhīdào Zhōngguórén zuò shénme, xiǎng shénme, xǐhuan shénme."
知道中国人做什么、想什么、喜欢什么。"

Fāng zǐ: Zhè shì hóngchá háishi lǜchá?
芳子：这是红茶还是绿茶？

Hā lì: Lǜchá, zhè shì yǒumíng de Lóngjǐngchá.
哈利：绿茶，这是有名的龙井茶。

第十七课 红茶还是绿茶？

芳子：Wǒ zhīdào, qù Hángzhōu lǚyóu de rén dōu yào mǎi zhèi
我 知道，去 杭州 旅游 的 人 都 要 买 这
zhǒng chá.
种 茶。

哈利：Duì. Zhè shì Hángzhōu de péngyou sòng gěi wǒ de. Zěnmeyàng?
对。这 是 杭州 的 朋友 送 给 我 的。怎么样？
Nǐmen juéde xiāngbuxiāng?
你们 觉得 香不香？

丽莎：Ng, tài hǎohē le. Cóng jīntiān kāishǐ, wǒ yě hē chá le.
嗯，太 好喝 了。从 今天 开始，我 也 喝 茶 了。

根据对话内容回答问题 Answer questions according to the dialog

(1) 哈利请丽莎和芳子喝的茶叫什么？

(2) 哈利以前（yǐqián, before now）喝不喝茶？

(3) 丽莎觉得龙井茶怎么样？

Liànxí 练习　Exercises

1. 语音　Phonetic practice

(1) 声调　The tones

ˉˊ：喝茶　香茶　先尝　花园

ˊˊ：学习　红茶　食堂　回国

ˇˊ：有名　旅游　好茶　导游

ˇˇ：给我　请你　很好　我想

(2) 韵母　The finals

ong：龙井　　红茶　　一种　　送给他

ü　：绿茶　　旅游　　男女　　汉语

üe　：觉得　　学校　　学生　　三月

uei：对　　　最好　　回来　　睡觉

(3) 断句　Pause

李阳 / 请朋友们 / 喝 / 龙井茶。

茶 / 是 / 中国人 / 最喜欢的 / 饮料。

去旅游的人 / 都要买 / 这种茶。

你们 / 还要知道 / 中国人 / 做什么、/ 想什么、/ 喜欢什么。

2. 模仿造句　Imitation

(1) 你怎么不喝咖啡了？

你怎么没来上课？

你怎么不坐车去？

(2) 生日的时候，他买了一个蛋糕。

吃午饭的时候，我听说哈利去杭州了。

在日本学习的时候，我认识了很多朋友。

(3) 我们应该尝尝中国茶。

你应该知道今天是妈妈的生日。

你昨天不应该迟到。

第十七课　红茶还是绿茶？

3. 完成对话　Complete the following dialogs

(1) A：绿茶好喝不好喝？

　　B：我觉得_____。

(2) A：你买了_____？

　　B：昨天我们喝的那种。

　　A：多少钱？

　　B：_____。

(3) A：这儿有没有绿茶？

　　B：有，我们有三___绿茶。你要___种？

　　A：我要这种。多少钱一罐？

　　B：不贵，只要_____。

4. 回答问题　Answer the following questions

(1) 你喜欢不喜欢喝茶？

(2) 你喜欢喝什么茶？

(3) 你最喜欢的饮料是什么？

5. 活动　Activities

(1) 说一说。　Make a speech with the tips below.

哈利和丽莎为什么开始喝茶？

他们的话，你觉得对不对？

(2) 问问中国朋友。　Ask your Chinese friends the questions below.

茶有多少种？

中国最有名的是哪几种茶？

中国人喝茶的时候要不要牛奶？

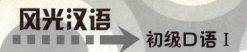

Dì-shíbā kè
第十八课

Yī èr sān xiào
一，二，三，笑

Rèshēn 热身 Warming up activities

1 复习 Review

前天 昨天 今天 明天 后天

2 回答问题 Answer questions

(1) 今天是几月几号？
(2) 今天你有多少节课？
(3) 今天的练习多不多？
(4) 你哪天没有课？

Shēngcí 生词 New words

1. 照相	zhào xiàng	动	take photos	사진을 찍다	撮影
2. 星期	xīngqī	名	week	요일,주	曜日

第十八课 一，二，三，笑

3. 上个星期	shàng ge xīngqī		last week	지난 주	先週
4. 笑	xiào	动	laugh	웃다	笑う
5. 茄子	qiézi	名	eggplant	가지	茄子
6. 再	zài	副	again	다시	再び
7. 站	zhàn	动	stand	서다	立つ
8. 中间	zhōngjiān	名	between; centre, middle	중간	真ん中
9. 问题	wèntí	名	question, problem	질문,문제	問題
10. 没问题	méi wèntí		no problem	괜찮다	問題はない
11. 回来	huílai	动	come back	돌아오다	帰る
12. 取	qǔ	动	take	가지다	取る
13. 包子	bāozi	名	baozi (a kind of steamed stuffed bun)	(소가 든) 만두	中華まんじゅう
14. 洗	xǐ	动	wash	씻다	洗う
15. 漂亮	piàoliang	形	beautiful	예쁘다	綺麗
16. 里边儿	lǐbianr	名	inside	안쪽	内側

Jùzi 句子 Sentences

1. Wǒmen zhàole yì zhāng xiàng.
   我们照了一张相。

2. Wǒmen zài zhèr zhàole yì zhāng xiàng.
   我们在这儿照了一张相。

3. Shàng ge xīngqī wǒmen zài zhèr zhàole yì zhāng xiàng.
   上个星期我们在这儿照了一张相。

4. Zhè shì shàng ge xīngqī wǒmen zài zhèr zhào de xiàng.
   这是上个星期我们在这儿照的相。

Duìhuà 对话 Dialogs

Lì shā: Wǒmen zài zhèr zhào yì zhāng xiàng ba.
丽 莎：我们 在 这儿 照 一 张 相 吧。

Fāng zǐ: Dàyǒng, gěi wǒmen zhào yì zhāng, hǎo ma?
芳 子：大永，给 我们 照 一 张，好 吗？

Jīn Dàyǒng: Hǎo. Wǎng qián yìdiǎnr. Yī, èr, sān, xiào!
金 大永：好。往 前 一点儿。一，二，三，笑！

Lìshā、Fāngzǐ: Qié—— zi!
丽莎、芳子：茄——子！

Jīn Dàyǒng: Duìbuqǐ, zhèi zhāng bú tài hǎo, zài zhào yì zhāng.
金 大永：对不起，这 张 不太好，再 照 一 张。

Lì shā: Jiājiā, nǐ yě lái ba. Zhàn zài wǒmen zhōngjiān.
丽 莎：佳佳，你 也 来 吧。站 在 我们 中间。

Jīn Dàyǒng: Yī, èr, sān! Hǎo le, zhèi zhāng méi wèntí le.
金 大永：一，二，三！好 了，这 张 没 问题 了。

根据对话内容回答问题 Answer questions according to the dialog

(1) 照片里的人有谁？

第十八课 一, 二, 三, 笑

(2) 金大永在做什么?

(3) "这张没问题了"是什么意思?

丽莎：我回来了。

芳子：你去哪儿了？

丽莎：我去取照片了。你看，这是上个星期在苏州照的照片。

芳子：是吗？给我看看。

丽莎：这张是大永在车上吃包子，这张是佳佳在洗橙子，这张是我们10个同学在网师园。

芳子：这里边儿你最漂亮。

根据对话内容回答问题 Answer questions according to the dialog

(1) 丽莎去哪儿了？

(2) 他们是什么时候去苏州的？

1. 语音 Phonetic practice

(1) 声母 The initials

p：照片　旁边　漂亮　瓶子
q：往前　茄子　星期　去取照片
t：咖啡　看看　开始　听说
ch：尝尝　红茶　起床　出发

(2) 音变 Phonetic change

"照片"，也可以说"相片"。这两个词都可以儿化，但儿化的时候"片"要变为第一声。

　　xiàngpiàn　xiàngpiānr　zhàopiàn　zhàopiānr
　　相片　　　相片儿　　　照片　　　照片儿

(3) 断句 Pause

请你 / 给我们 / 照一张相。
上个星期 / 我们 / 在苏州拍的照片 / 取回来了。
这是 / 上个星期 / 我们 / 在苏州拍的 / 照片。
这张 / 是 / 大永 / 在车上 / 吃包子。

2. 模仿造句 Imitation

(1) 请往前一点儿。
　　你往左一点儿！
　　我要大一点儿的房间。
　　_____。

第十八课 一，二，三，笑

(2) 给我们照一张相，可以吗？

　　哈利给李阳买了一个篮球。

　　妈妈给我洗衣服（yīfu, cloth）。

　　_____。

3. 完成对话 Complete the following dialogs

(1) A：我们照一张相，好不好？

　　B：_____照？

　　A：那儿很漂亮。在那儿照好不好？

　　B：_____。

(2) A：你好，请你给我们照张相，好不好？

　　B：_____。你们想在哪儿照？

　　A：_____。

　　B：往_____。一，二，三！好了。

(3) A：照片儿_____？

　　B：是我爸爸妈妈。

　　A：你妈妈很漂亮。

　　B：_____。

4. 回答问题 Answer the following questions

(1) 你喜欢不喜欢拍照？

(2) 你的照片多不多？

5. 活动 Activities

(1) 每人拿一张自己的照片。互问互答。　Bring one of your photos. Exchange it and ask each other the following questions.

　　照片上的人是谁？

这是什么地方？

这个地方怎么样？

(2) 用你的相机（xiàngjī, camera），给同学们照一张相，或者找一张已有的集体照，然后模仿下面的句子介绍照片上的同学。 Take a photo for your classmates with your camera or find an old photo. And then introduce the classmates on the photo with the sentences below.

坐在最前边儿的是<u>哈利</u>，在他右边儿的是<u>芳子</u>。……

(3) 看表格　Read the form

xīngqīyī	xīngqī'èr	xīngqīsān	xīngqīsì	xīngqīwǔ	xīngqīliù	xīngqītiān
星期一	星期二	星期三	星期四	星期五	星期六	星期天
Monday	Tuesday	Wednesday	Thursday	Friday	Saturday	Sunday

(4) 回答问题　Answer questions

今天是星期几？

你星期几没有课？星期几课最多？

星期天你打算去哪儿玩儿？

Dì-shíjiǔ kè
第十九课

Fángjiān dìnghǎo le
房间 订好 了

Rèshēn 热身 — Warming up activities

1 互问互答 Ask each other

(1) 你喜欢去什么地方旅游？
(2) 你喜欢一个人去旅游吗？
(3) 你打算什么时候去旅游？

2 哪些天是假期？ Tell which days are holidays?

日SUN	一MON	二TUE	三WED	四THU	五FRI	六SAT
				1 国庆节	2 十四	3 中秋节
4 十六	5 十七	6 十八	7 十九	8 寒露	9 廿一	10 廿二
11 廿三	12 廿四	13 廿五	14 廿六	15 廿七	16 廿八	17 廿九
18 九月	19 初二	20 初三	21 初四	22 初五	23 霜降	24 初七
25 初八	26 重阳节	27 初十	28 十一	29 十二	30 十三	31 十四

Shēngcí 生词 — New words

#						
1.	订	dìng	动	book, reserve	예약하다	予約
2.	宾馆	bīnguǎn	名	hotel	호텔	ホテル
3.	自己	zìjǐ	代	-self	스스로, 혼자	自分
4.	喂	wéi, wèi	叹	hello, hey	여보세요, 저기요	もしもし
5.	告诉	gàosu	动	tell	알려주다	伝える
6.	下午	xiàwǔ	名	afternoon	오후	午後
7.	放假	fàng jià	动	have a vocation, have some days off	휴가를 내다	休になる
8.	旅游团	lǚyóutuán	名	tourist group	관광단	旅行団
9.	晚上	wǎnshang	名	night	저녁	夜
10.	为什么	wèi shénme		why	왜	なぜ
11.	因为	yīnwèi	连	because	왜냐하면	~からだ
12.	比较	bǐjiào	动、副	compare; relatively	비교하다 비교적	比較
13.	便宜	piányi	形	cheap	싸다	安い
14.	可是	kěshì	连	but	그러나	しかし
15.	以后	yǐhòu	名	from now on; after something happened	이후	以降
16.	票	piào	名	ticket	표, 티켓	チケット
17.	麻烦	máfan	动、形	trouble; troublesome	귀찮다	面倒

第十九课 房间订好了

18.	东方	dōngfāng	名	the East, orient	동방	東方
19.	韩国	Hánguó		Korea	한국	韓國
20.	海南岛	Hǎinándǎo		Hainan island	해남도(섬)	海南島

  Jùzi 句子 Sentences

1. Wǒ yào dìng yí ge fángjiān.
   我要订一个房间。

2. Wǒ dǎ diànhuà dìng bīnguǎn de fángjiān.
   我打电话订宾馆的房间。

3. Wǒ dǎ diànhuà dìnghǎo le bīnguǎn de fángjiān.
   我打电话订好了宾馆的房间。

4. Wǒ zìjǐ dǎ diànhuà dìnghǎo le bīnguǎn de fángjiān.
   我自己打电话订好了宾馆的房间。

  Duìhuà 对话 Dialogs

Jīn Dàyǒng: Wèi? Shì Dōngfāng bīnguǎn ma?
金大永：喂？是东方宾馆吗？

fúwùyuán: Shìde. Nín hǎo!
服务员：是的。您好！

Jīn Dàyǒng: Wǒ yào dìng yí ge fángjiān, cóng shíyuè èr hào dào wǔ hào.
金大永：我要订一个房间，从10月2号到5号。

服务员：请告诉我您的姓名。

金大永：我叫金大永，是韩国人。

服务员：您2号什么时候到？

金大永：下午三点钟。

服务员：好了，没问题了。

根据对话内容回答问题 Answer questions according to the dialog

（1）金大永订了哪个宾馆的房间？

（2）金大永打算在那儿住几天？

2...

金大永：下个星期放假，你们打算做什么？

芳　子：我和黄佳佳跟旅游团去海南岛，星期五晚上出发。

金大永：为什么要跟旅游团？我觉得自己玩儿比较好。

芳　子：因为跟旅游团比较便宜。

第十九课 房间订好了

Huáng Jiājiā: Wǒ yě bù xǐhuan gēn lǚyóutuán. Kěshì wǒ de Hànyǔ bútài
黄 佳佳：我也不喜欢 跟 旅游团。可是我 的 汉语 不太

hǎo, lái Zhōngguó yǐhòu, zìjǐ mǎi chēpiào, dìng bīnguǎn
好，来 中国 以后，自己买 车票、订 宾馆

bǐjiào máfan.
比较 麻烦。

根据对话内容回答问题 Answer questions according to the dialog

（1）芳子和黄佳佳打算去哪儿旅游？
（2）黄佳佳为什么要跟旅游团？

Liànxí 练习   Exercises

1. 语音 Phonetic practice

(1) 韵母 The finals

ia ：放假   下午   回家   下个星期
iang：我想   照相   很香   两个   怎么样
iao ：比较   漂亮   饮料   车票
in ：因为   今天   宾馆   您好   进来
ing ：订票   姓名   星期   应该

(2) 断句 Pause

我和丽莎/跟旅游团/去海南岛。
我觉得/自己玩儿/比较好。
请您/告诉我/您的姓名。

121

(3) 轻音 / 重音　Accentual and unaccentual words

＊ 轻声　Weak syllables without tones

喜欢　麻烦　晚上　告诉　打算　时候　便宜

＊ "可是"的"是"轻读。　"是" should be pronounced weakly in these sentences.

龙井茶很香，可是比较贵。

这些橙子很便宜，可是很小。

芳子不喜欢照相，可是我喜欢。

2. 模仿造句　Imitation

(1) 请告诉我你的姓名。

丽莎告诉我现在八点钟。

哈利告诉老师"大永不来上课"。

_____

(2) 他从2号开始住在宾馆里。

我们从1号开始放假。

我从1月到9月在这儿学习。

_____

(3) 来中国以后，我认识了很多中国朋友。

起床以后，他们去喝咖啡了。

以后上课别迟到。

_____

第十九课　房间订好了

3. 完成对话　Complete the following dialogs

(1) A：我们几号放假？

　　B：____1号____5号。

　　A：你_____？

　　B：我想去杭州看朋友。

(2) A：金大永他们呢？

　　B：他们去_____。

　　A：你为什么不跟他们一起去？

　　B：_____。

(3) A：喂，是永好餐厅吗？

　　B：是的。您好！

　　A：我_____一张桌子（zhuōzi, table）。

　　B：几个人？

　　A：_____。

4. 回答问题　Answer the following questions

(1) 这个月放假吗？

(2) 放假的时候你打算做什么？

5. 活动　Activities

(1) 看中国地图，找到下面这些城市。　Find these cities on Chinese map.

　　北京　上海　杭州　苏州　大连　西安　广州　香港

(2) 制订一个旅游计划（jìhuà, plan）。　Make an itinerary.

　　去什么地方

　　什么时候去

什么时候回来

怎么去：1　a. 汽车

　　　　　　b. 火车（huǒchē, train）

　　　　　　c. 飞机

　　　　2　a. 一个人

　　　　　　b. 和朋友一起

　　　　　　c. 跟旅游团

住在什么地方

要多少钱

(3) 和你的同学交流旅游计划。

Talk about your itinerary with your classmates.

Dì-èrshí kè
第二十课

Gěi wǒ sì píng píjiǔ
给我四瓶啤酒

Rèshēn 热身 — Warming up activities

1 复习并试着填空　Review and try to fill in the blanks

(1) 早　　早饭
(2) 上午　　_____
(3) 中午　　午饭
(4) 下午　　下午茶
(5) 晚上　　_____

2 互问互答　Ask and answer each other

星期五晚上你打算做什么？

Shēngcí 生词 — New words

#						
1.	门	mén	名	gate, door	문	門
2.	门口	ménkǒu	名	gateway	문어귀,입구	入り口
3.	见面	jiàn miàn	动	meet	만나다	面会
4.	完	wán	动	finish	마치다	~終わった後
5.	晚饭	wǎnfàn	名	dinner	저녁식사	夕食
6.	又	yòu	副	again	또,다시	また
7.	酒	jiǔ	名	alcohol	술	お酒
8.	啤酒	píjiǔ	名	beer	맥주	ビール
9.	冰	bīng	名、动	ice; iced	얼음 찬	冷たい
10.	杯子	bēizi	名	cup, glass	컵	コップ
11.	杯	bēi	量	measure word	잔,컵	杯
12.	热	rè	形	hot	뜨겁다	熱い
13.	肚子	dùzi	名	stomach	배	お腹
14.	舒服	shūfu	形	comfortable	편안하다	気持ちいい
15.	等	děng	动	wait	기다리다	待つ
16.	一会儿	yíhuìr	数量	a moment; a while	잠시	まもなく
17.	青岛	Qīngdǎo		Tsingdao (name of a city)	청도(도시)	青島

第二十课　给我四瓶啤酒

1. Wǒmen zài xuéxiào ménkǒu jiàn miàn.
   我们在学校门口见面。

2. Wǒ hé Lìshā zài xuéxiào ménkǒu jiàn miàn.
   我和丽莎在学校门口见面。

3. Chīwán wǎnfàn wǒ hé Lìshā zài xuéxiào ménkǒu jiàn miàn.
   吃完晚饭我和丽莎在学校门口见面。

丽莎：Yòu dào xīngqīwǔ le. Jīntiān wǎnshang wǒmen zuò shénme?
丽莎：又到星期五了。今天晚上我们做什么？

哈利：Qù hē jiǔ ba.
哈利：去喝酒吧。

丽莎：Hǎo, jiào Fāngzǐ, Lǐ Yáng tāmen yìqǐ qù.
丽莎：好，叫芳子、李阳他们一起去。

哈利：Chīwán wǎnfàn wǒmen zài xuéxiào ménkǒu jiàn (miàn).
哈利：吃完晚饭我们在学校门口见（面）。

根据对话内容回答问题 Answer questions according to the dialog

(1) 他们打算做什么？
(2) 他们打算在哪儿见面？

127

2...

服务员：你们要点儿什么？

哈利：给我们四瓶青岛啤酒，两瓶冰的，两瓶不冰的，还要三瓶可乐。

芳子：给我一杯热茶。

哈利：为什么喝茶？一起喝点儿啤酒吧。

芳子：我的肚子不太舒服。

服务员：四瓶啤酒、三瓶可乐、一杯茶。请等一会儿。

根据对话内容回答问题 Answer questions according to the dialog

(1) 哈利打算喝多少酒？

(2) 芳子为什么不喝酒？

1. 语音 Phonetic practice

(1) 韵母 The finals

iou： 又是　喝酒　导游　右边儿

u： 肚子　舒服　星期五　住宾馆

(2) 声母　The initials

　　r：热茶　　人民　　日本　　认识

(3) 声调　The Tones

　　ˉ ˇ：喝酒　　　青岛　　　宾馆　　冰水

　　ˊ ˇ：门口　　　啤酒　　　您好　　还有

　　ˉ ˇ ˋ　　ˉ ˊ ˋ　　ˉ ˊ ˇ ˋ
　　吃晚饭　　吃完饭　　吃完晚饭

(4) 音变　Phonetic change

　　yìqǐ　　　　yíhuìr　　　　yìdiǎnr　　　yí kuài bīng
　　一起　　　 一会儿　　　 一点儿　　　一　块　冰

　　yì bēi chá　　yí ge bēizi　　yí ge píngzi　　yì píng jiǔ
　　一杯　茶　　一个　杯子　　一个　瓶子　　一　瓶　酒

　　bù hē　　　bù bīng de　　bú tài shūfu　　yàobuyào
　　不喝　　　不　冰　的　　不太　舒服　　要不要

2. 模仿造句　Imitation

(1) 又到星期五了。
　　芳子又去超市了。
　　今天他又迟到了。

　　_____。

(2) 我吃完饭了。
　　他喝完一瓶酒了。
　　我们学完十八课了。

　　_____。

(3) 我们在学校门口见。

晚上他要和女朋友见面。

昨天我和李阳在宿舍见了一面。

_____。

3. 完成对话 Complete the following dialogs

(1) A：今天晚上我们去喝酒吧。

B：我不想去。

A：_____？

B：因为_____。

(2) A：你喝什么酒？啤酒还是葡萄酒（pútáojiǔ, wine）？

B：我_____。

A：你尝尝这种酒，好喝吗？

B：我觉得_____。

(3) A：你喝完了没有？

B：_____。

A：再要一瓶怎么样？

B：不，_____。

(4) A：你要_____？

B：我要龙井茶。

A：对不起，龙井茶卖完了。红茶可以吗？

B：好，给我一_____。

4. 回答问题 Answer the following questions

(1) 你喜欢不喜欢喝酒？你喜欢喝哪种酒？

(2) 你知道不知道青岛啤酒？这种啤酒好喝不好喝？

(3) 你喜欢跟谁一起喝酒？

(4) 你在家喝酒还是去酒吧(jiǔbā, bar)喝？

5. 活动　Activities

(1) 讨论。Discuss.

丽莎说："七八月份的时候，外边儿很热，为什么很多中国人还喝热茶？"你们知道吗？

(2) 调查。Find out.

在中国，最贵的酒是什么酒？

在中国的饭店里有没有免费（miǎnfèi, free）的冰水？

(3) 对话表演：在酒吧点饮料。

Make up a dialog about ordering drinks in a bar.

A：酒吧服务员（waiter）

B：客人（guest）

C：客人（guest）

Dì-èrshíyī kè
第二十一课

Zhèi ge cài yǒudiǎnr là
这个菜 有点儿 辣

Warming up activities

1 复习 Review

米饭　包子　蛋糕　吃饭

2 回答问题 Answer questions

(1) 昨天晚上你在哪儿吃饭？你和谁一起吃晚饭？
(2) 今天晚上你去哪儿吃饭？打算吃什么？
(3) 在餐厅点菜(diǎn cài, to order dishes)的时候，你说汉语吗？

New words

1. 菜	cài	名	dish	요리	おかず
2. 好吃	hǎochī	形	delicious	맛있다	おいしい

第二十一课　这个菜有点儿辣

3.	找	zhǎo	动	find	찾다	探す
4.	桌子	zhuōzi	名	table	책상/테이블	テーブル
5.	第一	dì-yī	数	first, number one	첫째	第一
6.	次	cì	量	time, occurrence（measure word for action）	번	回
7.	猪肉	zhūròu	名	pork	돼지고기	豚肉
8.	牛肉	niúròu	名	beef	소고기	牛肉
9.	辣椒	làjiāo	名	chili, hot pepper	고추	唐辛子
10.	能	néng	动	be able to	-할 수있다	~できる
11.	辣	là	形	hot, spicy	맵다	辛い
12.	没关系	méi guānxi		It doesn't matter.	괜찮다	大丈夫
13.	有点儿	yǒudiǎnr	副	a little, a bit	조금	少し
14.	吃不完	chī bu wán		cannot eat it all	다 못 먹는다	食べきれない
15.	包	bāo	名	bag, pack	가방	鞄
16.	打包	dǎ bāo	动	wrap	포장하다	持ち帰る
17.	小	xiǎo	形	small, little	작다	小さい
18.	饿	è	形	hungry	배고프다	お腹が空く
19.	凉拌黄瓜	liángbàn huánggua		cucumber in sause		きゅうりのしろ和え
20.	辣子鸡	làzijī		fried chicken with hot pepper	매운 닭고기 튀김	から揚げの唐辛子添え

133

21.	铁板牛肉	tiěbǎn niúròu	fired beef served on an iron plate	소고기 철판 볶음	鉄板燒き牛肉
22.	番茄炒蛋	fānqié chǎo dàn	fried tomato with eggs	계란 토마토 볶음	トマトと卵いため

Jùzi 句子 Sentences

1. Něi ge cài zuì hǎochī?
   哪个菜最好吃?

2. Zhèi ge cāntīng (de) něi ge cài zuì hǎochī?
   这个餐厅(的)哪个菜最好吃?

3. Wǒ bù zhīdào zhèi ge cāntīng (de) něi ge cài zuì hǎochī.
   我不知道这个餐厅(的)哪个菜最好吃。

Duìhuà 对话 Dialogs

Lǐ Yáng: Gěi wǒmen zhǎo yì zhāng zhuōzi. Wǒmen sì ge rén.
李 阳: 给 我们 找 一 张 桌子。我们 四 个 人。

fúwùyuán: Qǐng gēn wǒ lái. Qǐng zuò.
服务员: 请 跟 我 来。请 坐。

Lǐ Yáng: Zhè shì wǒ dì-yī cì lái zhèi ge cāntīng, bù zhīdào něi ge cài
李 阳: 这是我 第一次来 这 个 餐厅,不知道 哪 个 菜

zuì hǎochī. Yǒuméiyǒu rén bù chī zhūròu、niúròu、làjiāo?
最 好吃。有没有 人 不吃 猪肉、牛肉、辣椒?

第二十一课　这个菜有点儿辣

Lì shā： Wǒ méi wèntí.
丽　莎：我 没 问题。

Hā　lì： Wǒ néng chī là de, kěshì bù néng tài là.
哈　利：我 能 吃 辣的，可是 不 能 太 辣。

fúwùyuán： Méi guānxi, wǒmen zhèr de cài zhǐshì yǒudiǎnr là.
服务员：没 关系，我们 这儿 的 菜 只是 有点儿 辣。

Lǐ Yáng： Ng, Yào yí ge liángbàn huánggua, yí ge làzijī, hái yào
李　阳：嗯，要 一个 凉拌 黄瓜、一个 辣子鸡，还要

　　　　tiěbǎn niúròu hé fānqié chǎo dàn.
　　　　铁板 牛肉 和 番茄 炒 蛋。

Lì shā： Hǎo le, hǎo le, tài duō le!
丽　莎：好了，好了，太多了！

Lǐ Yáng： Chī bu wán dǎ bāo ba. Wǒmen hái yào sān guàn bīng píjiǔ.
李　阳：吃 不 完 打包 吧。我们 还要 三 罐 冰 啤酒。

fúwùyuán： Méiyǒu xiǎo guàn de píjiǔ, zhǐ yǒu dà píng de. Gěi nǐmen liǎng
服务员：没有 小 罐 的 啤酒，只有 大 瓶 的。给 你们 两

　　　　píng dà de, hǎobuhǎo?
　　　　瓶 大 的，好不好？

Hā　lì： Xiān gěi wǒ mǐfàn ba. Wǒ è le.
哈　利：先 给 我 米饭 吧。我 饿了。

根据对话内容回答问题 Answer questions according to the dialog

(1) 李阳知道不知道哪个菜好吃？
(2) 丽莎能不能吃辣的？
(3) 谁点菜？
(4) 他们点了几个菜？

1. 语音　Phonetic practice

(1) 声母　The initials

ch：好吃　　炒蛋　　尝尝

c ：第一次　　餐厅　　中国菜

zh：猪肉　　找人　　一张桌子

(2) 韵母　The finals

e：很饿　可乐　热水　可是

(3) 断句　Pause

这是我 / 第一次 / 来这个餐厅。

我不知道 / 哪个菜 / 好吃。

有没有人 / 不吃 / 猪肉、/ 牛肉、/ 辣椒？

我们这儿的菜 / 只是 / 有点儿辣。

2. 模仿造句　Imitation

(1) 我们这儿的菜有点儿辣。

我们这儿的日本学生很多。

他们那儿的水果很好吃。

_____。

(2) 现在去教室有点儿早。

这个店的东西有点儿贵。

自己订票有点儿麻烦。

_____。

(3) 他要去一次超市。

我们坐了一次地铁。

他回了一次家。

_____。

3. **完成对话** Complete the following dialogs

(1) A：你喜欢不喜欢这种咖啡？

B：对不起，请再说_____。（次）

A：这种咖啡很苦（kǔ, bitter），你_____吗？

B：_____。

(2) A：你能不能吃辣的？

B：这个菜是不是很辣？

A：_____。（不太）

B：我尝尝吧。

A：_____？

B：很辣，_____。很好吃。

(3) A：你是不是很饿？先吃蛋糕吧。

B：有点儿饿，不过，_____。（等）

C：对不起，我迟到了。

A：没关系。_____。（开始）

4. **回答问题** Answer the following questions

(1) 你能吃辣的东西吗？你喜欢吃辣的吗？
(2) 你喜欢吃什么菜？
(3) 你不吃什么菜？

5. 活动　Activities

(1) 造新词。　Create new words.

　　猪肉、牛肉 → 鸡____

　　茶很好喝。菜很好吃。照片很_____。

(2) 说说你在餐厅吃饭的经历。
Talk about your experience of having dinner in a restaurant.

(3) 去餐厅或者食堂抄一份菜单 (yí fèn càidān, a menu)，向同学们介绍这个餐厅或者食堂。 Copy a menu of a restaurant or a canteen, and then introduce the restaurant or the canteen to your classmates.

Dì-èrshí'è kè
第二十二课

Tīng nǐ de
听你的

Rèshēn 热身 — Warming up activities

1 复习 Review

红色 绿色 号码 对 漂亮

2 看看这些店，它们是卖什么的? What do these shops sell?

书店 饭店 水果店 蛋糕店

3 猜猜今天丽莎要去哪个店？
Guess which store will Lisa go to today?

Shēngcí 生词 — New words

1.件	jiàn	量	piece (measure word for clothes)	벌	着
2.衣服	yīfu	名	clothes	옷	服
3.又… 又…	yòu… yòu…		and (used to connect two adjectives)	-하기고 하고 -하기고 하다	~その上~

139

4.	样子	yàngzi	名	style	모양,스타일		容姿
5.	颜色	yánsè	名	color	색깔		色
6.	白色	báisè	名	white	흰색		白
7.	蓝色	lánsè	名	blue	파란색		青
8.	黑色	hēisè	名	black	검은색		黑
9.	架子	jiàzi	名	shelf, stand	선반		棚
10.	穿	chuān	动	wear (clothes)	입다		着る
11.	一定	yídìng	副	surely	꼭		是非
12.	试	shì	动	try on	-해 보다		試す
13.	试衣间	shìyījiān	名	fitting room	탈의실		試著室
14.	多	duō	代	how many, how much	얼마나		どのぐらい
15.	中号	zhōnghào	名	medium size; M	M싸이즈		Mサイズ
16.	错	cuò	形、名	wrong; mistake	틀리다 실수		正しくない 間違い
17.	不错	búcuò	形	not bad; good	맞다,좋다		良い
18.	付	fù	动	pay	지불하다		払う

Jùzi 句子 Sentences

1. Zhèi jiàn yīfu yòu piàoliang yòu piányi.
   这件衣服又漂亮又便宜。

2. Zhèi jiàn yīfu yàngzi yòu hǎo, yánsè yòu piàoliang.
   这件衣服样子又好，颜色又漂亮。

第二十二课 听你的

对话 Duìhuà Dialogs

1.

丽莎：Zhèi zhǒng yīfu yǒuméiyǒu báisè de?
丽莎：这 种 衣服 有没有 白色 的？

售货员：Yǒu. Háiyǒu lán de hé hēi de, dōu zài nèibianr de jiàzi shang.
售货员：有。还有蓝的和黑的，都在那边儿的架子上。

Nǐ kàn, zhèi jiàn yīfu yàngzi yòu hǎo, yánsè yòu hǎo. Nǐ
你看，这件衣服样子又好，颜色又好。你

chuān yídìng hěn piàoliang.
穿 一定 很 漂亮。

丽莎：Kěyǐ shì chuān ma?
丽莎：可以试穿吗？

售货员：Kěyǐ. Shìyījiān zài nàr. Nǐ yào duōdà de?
售货员：可以。试衣间 在 那儿。你 要 多大 的？

丽莎：Wǒ yào zhōnghào.
丽莎：我 要 中号。

根据对话内容回答问题 Answer questions according to the dialog

(1) 丽莎想买什么颜色的衣服？
(2) 丽莎穿几号的衣服？
(3) 这件衣服怎么样？

2.

丽莎：Yàngzi búcuò, yě hěn shūfu. Ǹg, Nǐ shuō lán de hǎo háishi
丽莎：样子不错，也 很 舒服。嗯，你 说 蓝 的 好 还是

　　　　　　　　bái de hǎo?
　　　　　　　　白的 好?

shòuhuòyuán: Liǎng jiàn dōu hěn hǎo. Nǐ dōu mǎile ba.
售 货 员 : 两 件 都 很 好。你 都 买 了 吧。

Lì　　shā : Wǒ tīng nǐ de. Kě bu kěyǐ piányi yìdiǎnr?
丽　　莎 : 我 听 你 的。可 不 可 以 便 宜 一点儿?

shòuhuòyuán: Nǐ gěi yìbǎisān ba.
售 货 员 : 你 给　130　吧。

Lì　　shā : Wǒ shì xuésheng, méiyǒu qián. Piányi diǎnr ba. Yìbǎi kuài
丽　　莎 : 我 是 学 生， 没 有 钱。便 宜 点儿 吧。100 块

　　　　　　　　zěnmeyàng?
　　　　　　　　怎么样?

shòuhuòyuán: Hǎo ba, hǎo ba.
售 货 员 : 好 吧，好 吧。

Lì　　shā : Zài nǎr fù qián?
丽　　莎 : 在 哪儿 付 钱?

根据对话内容回答问题 Answer questions according to the dialog

(1) 丽莎买了几件衣服?

(2) 一件衣服多少钱?

1. 语音　Phonetic practice

(1) 声调　The tones

　　　ˊˋ：颜色　蓝色　一定　不过　一件
　　　ˇˇ：可以　很好　请给我　买给我

第二十二课 听你的

(2) 轻声　The weak syllables without tones

看看　尝尝　走走　喝喝茶　试试衣服

衣服　样子　便宜　漂亮　好吧

(3) 断句　Pause

蓝绿黑白 / 都有，都在 / 那边儿的 / 架子上。

这件衣服 / 样子 / 又好，颜色 / 又漂亮。

你说 / 蓝的 / 好 / 还是 / 绿的 / 好？

2. 模仿造句　Imitation

(1) 这件衣服又漂亮又便宜。

这个房间又大又舒服。

这些菜又热又辣。

_____

(2) 你说，蓝的好还是绿的好？

我说，他会喜欢这种样子的。

我说，你穿蓝的比较漂亮。

_____

3. 完成对话　Complete the following dialogs

(1) A：我穿红色的，怎么样？

　　B：_____。

　　A：你说什么颜色好？

　　B：_____。

　　A：听你的。

(2) A：这件衣服太大了，有没有＿＿＿＿＿？

B：你穿几号的？

A：＿＿＿＿＿。

B：好，我＿＿＿＿＿换一件。

(3) A：我昨天在这儿买了一件衣服。今天想换一件。

B：＿＿＿＿＿？

A：这件衣服有点儿问题。你看，左边儿大，右边儿小。

B：对不起。＿＿＿＿＿。这件行吗？

A：可以。

B：再见。欢迎（huānyíng, welcome）下次再来。

4. 回答问题　Answer the following questions

(1) 来中国以后，你有没有买衣服？

(2) 你觉得中国的衣服怎么样？

(3) 你最喜欢什么颜色？

(4) 你穿几号的衣服？

5. 活动　Activities

(1) 写出下面颜色词的拼音。　Write pinyin for the words of color.

(2) 给颜色词配上相应的名词，如：黑色的笔。　Make phrases with a color word and a noun, e.g. 黑色的笔.

第二十二课 听你的

(3) 假设你是售货员，请用下面的词语和短语介绍一种商品。 Suppose you are a salesperson, introduce something you want to sell, using the words below.

样子　颜色　便宜　一定　怎么样　又……又……

(4) 编对话。　Make up a dialog.

　　A: 售货员 (shòuhuòyuán, salesperson)

　　B: 顾客 (gùkè, customer)

第二十三课 Dì-èrshí sān kè

法国 离 这儿 太 远 了
Fǎguó lí zhèr tài yuǎn le

热身 Rèshēn Warming up activities

1 复习 Review

机场　坐车　见面　请假　等　接

2 两人一组，用上面的词语编一个小故事　With your partner, create a story with the words above.

生词 Shēngcí New words

1.	哥哥	gēge	名	elder brother	형,오빠	兄
2.	已经	yǐjīng	副	already	이미,벌써	もう
3.	吧	ba	助	(used at the end of a sentence to ask for confirmation of a supposition)	-합시다	~だろう
4.	真	zhēn	副	really	진짜	本当に

第二十三课　法国离这儿太远了

5. 想	xiǎng	动	miss	그리워하다	(会い)たい	
6. 啊	a	助	(an exclamation used at the end of a sentence)	아.응	~よ、~ね	
7. 盒	hé	量	measure word for box	상자	個	
8. 陪	péi	动	accompany	동반하다	付き添う	
9. 工作	gōngzuò	动、名	work; job	일하다,일	仕事	
10. 忙	máng	形	busy	바쁘다	忙しい	
11. 家人	jiārén	名	family member	가족	家族メンバー	
12. 常常	chángcháng	副	often	자주	よく	
13. 离	lí	介	away from	-부터,에서	~から~	
14. 远	yuǎn	形	far	멀다	遠い	
15. 方便	fāngbiàn	形	convenient	편리하다	便利	

Jùzi 句子　Sentences

1. Wǒ hé gēge liǎng ge yuè méi jiàn le.
   我和哥哥两个月没见了。

2. Wǒ hé gēge yǐjīng liǎng ge yuè méi jiàn le.
   我和哥哥已经两个月没见了。

对话 Duìhuà / Dialogs

1.

[芳子在机场接哥哥]

芳子：哥哥，我在这儿！
Fāng zǐ: Gēge, wǒ zài zhèr!

哥哥：芳子，两个月没见了。
gēge: Fāngzǐ, liǎng ge yuè méi jiàn le.

芳子：是啊。我真想你们啊。爸爸妈妈都好吧？
Fāng zǐ: Shì a. Wǒ zhēn xiǎng nǐmen a. Bàba māma dōu hǎo ba?

哥哥：他们都很好。这盒东西是妈妈给你的。
gēge: Tāmen dōu hěn hǎo. Zhèi hé dōngxi shì māma gěi nǐ de.

芳子：谢谢。哥哥，我请了三天假。您想去上海什么地方，我陪您去。
Fāng zǐ: Xièxie. Gēge, wǒ qǐngle sān tiān jià. Nín xiǎng qù Shànghǎi shénme dìfang, wǒ péi nín qù.

哥哥：我有工作，明天、后天都会很忙。你上课去吧。
gēge: Wǒ yǒu gōngzuò, míngtiān, hòutiān dōu huì hěn máng. Nǐ shàng kè qù ba.

根据对话内容回答问题 Answer questions according to the dialog

（1）芳子为什么请假？
（2）芳子的哥哥来上海做什么？

第二十三课 法国离这儿太远了

2...

Huáng Jiājiā: Tīngshuō Fāngzǐ de gēge yào lái?
黄 佳佳：听说 芳子 的 哥哥 要来？

Lì shā: Shìde. Fāngzǐ yǐjīng qù jīchǎng jiē tā le.
丽 莎：是的。芳子 已经 去 机场 接他 了。

Huáng Jiājiā: Wǒ xiǎng jiā le. Wǒ māma shénme shíhou néng lái a?
黄 佳佳：我 想 家 了。我 妈妈 什么 时候 能 来啊？

Lì shā: Wǒ yě chángcháng xiǎng jiālirén, kěshì, Fǎguó lí zhèr
丽 莎：我 也 常常 想 家里人，可是，法国 离 这儿

tài yuǎn le, huíqù bú tài fāngbiàn.
太 远 了，回去 不 太 方便。

根据对话内容回答问题 Answer questions according to the dialog

(1) 黄佳佳的妈妈是不是要来中国？

(2) 丽莎的爸爸妈妈会不会来看她？

Liànxí 练习   Exercises

1. 语音 Phonetic practice

(1) 声调 The tones

ˇ ˇ : ˇ ˊ   ˇ ˇ ˊ ˊ   ˇ ˇ ˇ /ˇ ˊ   ˇ ˇ ˇ /ˇ ˊ   ˇ ˇ ˇ /ˇ ˊ
       也好 我想你们   我很好   我也想   也很远

(2) 对比 Comparisons

b–p ： 方便   铅笔   便宜   啤酒   旁边
d–t ： 都好   东西   带您去   太远   明天
ie–ia： 接人   写字   借给我   请假   家人

(3) 音变　Phonetic change

　　真想你啊(ya)。　　真想你们啊(na)。

　　好啊(wa)。　　　是啊(ra)。　　　不行啊(nga)。

(4) 轻音/重音　Accentual and unaccentual words

*下列句子带有感叹语气，加"·"的字重读，"真"相对轻读。
Syllables with"·"should be streessed and"真"should sound weak in sentences below.

　　我真想你们！
　　日本的东西真贵啊！
　　这件衣服真漂亮！

2. 模仿造句　Imitation

(1) 我们已经两个月没见了。

　　他（已经）一个星期没来上课了。

　　他（已经）五天没给我打电话了。

　　_____。

(2) 法国离中国太远了。

　　那个饭店离学校不太远。

　　我想去离这儿不太远的地方旅游。

　　_____。

(3) 丽莎常常想家。

　　我常常和中国朋友一起打球。

　　我常去那个超市买水果。

　　_____。

第二十三课　法国离这儿太远了

3. 完成对话　Complete the following dialogs

（1）A：一个月没见了，你去哪儿了？

　　B：_____。

　　A：那儿远吗？

　　B：_____。（离）

（2）A：芳子_____？

　　B：老师，芳子请假了。

　　A：为什么请假？

　　B：她哥哥今天到上海，_____。

　　A：哦。

（3）A：你给家里打电话了没有？

　　B：我_____。（已经）

　　A：是谁接的电话？

　　B：_____。我真想他。

4. 回答问题　Answer the following questions

（1）你是不是常常想家？

（2）想家的时候做什么？

（3）你住在哪儿？离学校远不远？

5. 活动　Activities

（1）说一说：你想家的时候做什么？
　　Make a speech about how you alleviate your homesick.

（2）李阳的朋友 Terry 来中国玩儿。李阳到了机场，不知道 Terry 坐的

CA207 航班到了没有，他问机场工作人员刘华（Liú Huá）。请编一段李阳和刘华的对话。

Terry, a friend of Li Yang is coming to China by flight CA207. Li doesn't know whether the plane has arrived or not, so he ask one of the airport staff, Liu Hua. Please make up a dialog between Li yang and Liu Hua.

(3) 表演：李阳和 Terry 在机场见面，互相问候。
Act out Li Yang and Terry's dialogue when they meet at the airport.

Dì-èrshísì kè
第二十四课

Wǒ lái jièshào yíxiàr
我 来 介绍 一下儿

Rèshēn 热身 Warming up activities

1 读短文 Read the paragraph

> Wǒ jiā zài Rìběn Dōngjīng. Jiā li yǒu sì ge rén:
> 我家 在 日本 东京。 家里 有 四 个 人：
> bàba, māma, gēge hé wǒ. Bàba hé gēge gōngzuò hěn
> 爸爸、 妈妈、 哥哥 和 我。爸爸 和 哥哥 工作 很
> máng. Māma bù gōngzuò. Wǒ xiànzài zài Shànghǎi xué
> 忙。 妈妈 不 工作。 我 现在 在 上海 学
> Hànyǔ. Wǒ hěn xiǎng tāmen, cháng wǎng jiā li dǎ
> 汉语。 我 很 想 他们， 常 往 家里 打
> diànhuà.
> 电话。

2 模仿上面的短文介绍你的家
Introduce your family in the same way.

Shēngcí 生词 New words

1.	同屋	tóngwū	名	roommate	룸메이트	ルームメイト
2.	聊天（儿）	liáo tiān(r)	动	chat	잡담하다	雑談をする
3.	散步	sàn bù	动	take a walk	산책하다	散歩
4.	带	dài	动	lead, head	휴대하다	持つ
5.	生活	shēnghuó	名	life	살다 생활	暮らす 暮らし
6.	新	xīn	形	new	새로운	新しい
7.	爱	ài	动	love; like	사랑하다 사랑	愛
8.	运动	yùndòng	动、名	do sports; sport	운동하다 운동	運動
9.	画画儿	huà huàr		draw a picture	그림을 그리다	絵を書く
10.	有时候	yǒushíhou		sometimes	때로는	ある時
11.	就	jiù	副	then	곧,바로	~そして~
12.	那就好	nà jiù hǎo		That's good.	좋습니다	それならよかった.
13.	位	wèi	量	(a polite measure word for person)	분	人を数える助数詞
14.	介绍	jièshào	动	introduce	소개하다	紹介
15.	一下儿	yíxiàr	数量	a bit, a while	잠시	ちょっと

第二十四课 我来介绍一下儿

16. 欢迎	huānyíng	动	welcome	환영하다	歓迎
17. 帮（助）	bāng (zhù)	动	help	돕다	手伝う
18. 高兴	gāoxìng	形	glad, happy	기쁘다	嬉しい

1. Tā hé tóngwū yìqǐ liáo tiānr.
   他和同屋一起聊天儿。

2. Tā chángcháng hé tóngwū yìqǐ liáo tiānr.
   他常常和同屋一起聊天儿。

1

Fāng zǐ: Gēge, chīwán fàn wǒmen qù sànsan bù ba. Wǒ dài nín kànkan
芳 子：哥哥，吃完 饭 我们 去 散散 步 吧。我 带 您 看看

wǒmen xuéxiào.
我们 学校。

gē ge: Hǎo a. Nǐ zài zhèr de shēnghuó zěnmeyàng?
哥 哥：好 啊。你 在 这儿 的 生活 怎么样？

Fāng zǐ: Zhèr de shēnghuó hěn hǎo, wǒ yǒu bùshǎo xīn péngyou.
芳 子：这儿的 生活 很 好，我 有 不少 新 朋友。

gē ge: Nǐ de tóngwū zěnmeyàng?
哥 哥：你的 同屋 怎么样？

155

芳子：Fāng zǐ: Tā ài xiào, ài yùndòng, ài huà huàr. Wǒmen chángcháng yìqǐ
芳子：她爱笑，爱运动，爱画画儿。我们常常一起
xuéxí, yǒushíhou yìqǐ hē jiǔ, liáo tiānr. Tā shì ge hěn hǎo
学习，有时候一起喝酒、聊天儿。她是个很好
de rén, hé tā zài yìqǐ, wǒ jiù bú huì xiǎng jiā.
的人，和她在一起，我就不会想家。

gēge: Nà jiù hǎo.
哥哥：那就好。

根据对话内容回答问题 Answer questions according to the dialog

(1) 芳子在中国的生活怎么样？
(2) 芳子喜欢不喜欢她的同屋？

2...

Fāng zǐ: Lǐ Yáng, Lìshā!
芳子：李阳、丽莎！

Lǐ Yáng: Nǐ hǎo! Zhèi wèi shì nǐ gēge ba?
李阳：你好！这位是你哥哥吧？

Fāng zǐ: Shìde. Wǒ lái jièshào yíxiàr. Zhè shì Lǐ Yáng, tā shì
芳子：是的。我来介绍一下儿。这是李阳，他是
Zhōngguórén. Zhè shì wǒ de tóngbān tóngxué Lìshā, tā shì
中国人。这是我的同班同学丽莎，她是
Fǎguórén.
法国人。

Lǐ Yáng: Nín hǎo! Huānyíng nín lái Zhōngguó.
李阳：您好！欢迎您来中国。

第二十四课 我来介绍一下儿

Lì shā: Nín hǎo!
丽 莎：您 好！

gē ge: Nǐmen hǎo! Tīng Fāngzǐ shuō, nǐmen chángcháng bāngzhù tā. Xièxie nǐmen.
哥 哥：你们 好！听 芳子 说，你们 常常 帮助 她。谢谢 你们。

Lì shā: Nín tài kèqi le. Néng hé Fāngzǐ zuò péngyou, wǒ hěn gāoxìng.
丽 莎：您 太 客气 了。能 和 芳子 做 朋友，我 很 高兴。

根据对话内容回答问题 Answer questions according to the dialog

(1) 芳子给哥哥介绍谁了？
(2) 芳子的哥哥为什么要谢谢李阳和丽莎？

Liànxí 练习 Exercises

1. 语音 Phonetic practice

(1) 声调 The tones

- ˉ ˋ： 工作　　方便　　高兴　　帮助　　黑色
- ˉ ˊ： 欢迎　　生活　　家人　　吃完
- ˋ ˋ①：运动　　这位　　介绍　　六件（衣服）
- ˋ ˋ： 散步　　见面　　放假　　画画儿

(2) 送气声母 Aspirated initials

看看　朋友　同学　常常　聊天儿

---

① 这一组词语的第二个字较轻，下一组第二个字重读。

(3) 轻声　Weak syllables without tones

　　喝喝酒　散散步　谢谢他　试试衣服　聊聊天儿

(4) 儿化　Retroflex finals

　　这儿　　一下儿　　一会儿　　聊天儿　　外边儿

2. 模仿造句　Imitation

(1) 和她在一起，我就不会想家。
　　李阳喜欢运动，我就送给他一个篮球。
　　没有课的时候，我们就一起聊天儿。
　　_____。

(2) 欢迎你来我家玩儿。
　　欢迎你来我家住。
　　欢迎你们去美国学习英语。
　　_____。

(3) 能和芳子做朋友，我很高兴。
　　能认识您，我很高兴。
　　能马上回国见到妈妈，太好了。
　　_____。

3. 完成对话　Complete the following dialogs

(1) 林　元：大永，见到你我_____。（高兴）
　　大　永：小元，我很想你和朋友们。
　　林　元：你在这儿的生活怎么样？
　　大　永：_____。

(2) 大　永：我要请朋友吃饭，你知道哪个饭店好？_____。
　　　　　　（介绍）

　　　李　阳：你们想吃上海菜还是_____？

　　　大　永：都可以。_____。（没关系）

　　　李　阳：去金福（Jīnfú）餐厅吧。那儿的菜_____。

　　　大　永：离这儿远吗？

　　　李　阳：_____。（只）

　　　大　永：那就好。我不喜欢去远的地方。

(3) 林　元：我们去哪儿？

　　　大　永：小元，_____。（带）

　　　林　元：是吗？那儿_____吗？

　　　大　永：你会喜欢的。

(4) （在饭店门口）

　　　服务员：你们几位？

　　　大　永：_____。

　　　服务员：请跟我来。请坐_____。

　　　大　永：给我菜单（càidān, menu）。

　　　服务员：你们想吃什么？

　　　大　永：_____。

4. 回答问题　Answer the following questions

(1) 你的同屋怎么样？
(2) 你常常和朋友喝酒吗？
(3) 星期六你常常做什么？

5. 活动　Activities

(1) 用下面的词语介绍你的同屋。
Introduce your roommate with the words below.

一起　帮助　喜欢　爱

(2) 互问互答，可以选用下面的词语。
Ask and answer each other with the words below.

因为　舒服　一起　常常　有时候

A：你在中国的生活怎么样？

B：……

Dì-èrshíwǔ kè
第二十五课

Wàibianr xià yǔ le
外边儿 下 雨 了

Rèshēn 热身 Warming up activities

1 复习 Review

上边儿　下边儿　左边儿　右边儿　里边儿　外边儿

2 回答问题 Answer questions

(1) 今天热不热？
(2) 你穿了几件衣服？
(3) 你今天穿的衣服是什么颜色的？
(4) 你是不是常常穿这件衣服？

3 两人一组，把下面这些词连成一个小故事。
With your partner, create a story with the words below.

热　起床　穿　衣服　因为　可是

Shēngcí 生词 — New words

1.	冷	lěng	形	cold	춥다	寒い
2.	哎呀	āiyā	叹	(showing one's surprise or worry)	이런	感嘆詞
3.	下雨	xià yǔ	动	rain	비가 오다	雨が降る
4.	雨伞	yǔsǎn	名	umbrella	우산	傘
5.	走	zǒu	动	leave	가다,걷다	離れる
6.	太阳	tàiyáng	名	sun	태양,해	太陽
7.	天气	tiānqì	名	weather	날씨	天気
8.	国家	guójiā	名	country, nation	나라,국가	国
9.	习惯	xíguàn	动、名	get used to; habit, custom	익숙해지다,습관	習慣（がある）
10.	更	gèng	副	more, even more	더	更に
11.	地	dì	名	land, ground	땅	地
12.	鞋	xié	名	shoe	신발	靴
13.	停	tíng	动	stop	멈추다	ストップ
14.	空气	kōngqì	名	air	공기	空気
15.	累	lèi	形	tired	피곤하다	疲れている
16.	睡着	shuìzháo		fall into sleep	자고 있다	寝てしまった

第二十五课 外边儿下雨了

句子 Sentences

1. Wǒ juéde lěng.
   我觉得冷。

2. Wǒ juéde lěng yìdiǎnr hǎo.
   我觉得冷一点儿好。

3. Juéde lěng wǒ jiù bù xiǎng shuì jiào le.
   觉得冷我就不想睡觉了。

对话 Dialogs

Lìshā: Āiyā!
丽莎：哎呀！

Huáng jiājiā: Zěnme le?
黄佳佳：怎么了？

Lìshā: Wàibianr xià yǔ le. Wǒ méi dài yǔsǎn.
丽莎：外边儿下雨了。我没带雨伞。

Huáng jiājiā: Méi guānxi. Wǒ dàile sǎn. Xiàle kè wǒmen yìqǐ zǒu.
黄佳佳：没关系。我带了伞。下了课我们一起走。

Lìshā: Nǐ zěnme zhīdào jīntiān yào xià yǔ, zǎoshang tàiyáng hěn hǎo a.
丽莎：你怎么知道今天要下雨，早上太阳很好啊。

黄佳佳：你打 12121 就可以知道第二天的天气了。

丽莎：我们国家不常下雨，我也不习惯下雨的天气。下雨的时候，天气更冷了。地上都是水，不知道应该穿什么鞋。

黄佳佳：下雨有时候也是好事儿啊。雨停了以后，空气比较好。丽莎，你是不是觉得冷？

丽莎：冷是有点儿冷，可（是）我觉得冷一点儿好。觉得冷我就不想睡觉了。

黄佳佳：是啊，天气热的时候我常常觉得累。有一次上课的时候我睡着了，老师很不高兴。

根据对话内容回答问题 Answer questions according to the dialog

(1) 丽莎为什么要和黄佳佳一起走？

(2) 为什么丽莎不习惯下雨？

(3) 为什么丽莎觉得冷一点儿好？

第二十五课　外边儿下雨了

1. 语音　Phonetic practice

(1) 声调　The tones

ˇ ˇ ： ˊ ˇ　　ˊ ˊ ˇ　　ˇ ˊ ˊ ˊ　　ˇ ˊ ˇ / ˇ ˊ ˇ　　ˇ ˇ
　　　　有点儿　有点儿冷　你冷不冷　我有伞　　　　我喜欢

(2) 音变　Phonetic changes

＊"一"的音变

yì bǎ yǔsǎn　　yì shuāng xié　　yìqǐ zǒu　　yìdiǎnr
一 把 雨伞　　　一　双　鞋　　一起 走　　一点儿

yǒu yí cì　　yāo'èryāo'èryāo
有 一 次　　　12121

＊"啊"的音变

太阳挺好的啊（ya）。

这是好事啊（ra）。

外边儿下雨了，你看啊（na）。

是啊（ra）。

(3) 语气语调　Intonation

句末语气词"啊"调子高而长的时候，表示惊讶、不信、反驳。
"啊" expresses surprise, doubt or retort when voiced high and long at the end of a sentence.

早上太阳很好啊，你怎么知道会下雨？

A：下雨真麻烦！　　　B：下雨有时候也是好事儿啊。

A：你昨天怎么没给我打电话？　　B：我打了啊，可是你不在。

A：办公室里怎么没人？　　B：今天是星期天啊。

(4) 轻音 / 重音　Accentual and unaccentual words

在下面"模仿造句"练习中,第(1)组的"就"和第(2)、(3)组的"是"轻读。

"就" sounds weak in sentences of exercise 2 (1) , and so does "是" in 2 (2) and 2 (3) .

2. 模仿造句　Imitation

(1) 觉得冷我就不想睡觉了。
　　下雨我们就不出去玩儿了。
　　水果太贵我就不买了。
　　_____。

(2) 地上都是水。
　　路上都是汽车。
　　她的房间里都是衣服。
　　_____。

(3) 冷是有点儿冷,可是,冷一点儿好。
　　这件衣服贵是很贵,可是很漂亮。
　　今天冷是冷,可是,太阳很好。
　　_____。

3. 完成对话　Complete the following dialogs

(1) A：你怎么不回宿舍?
　　B：_____下雨了,所以,_____。
　　A：我有两把(bǎ, measure word)雨伞,给你一把。

第二十五课　外边儿下雨了

(2) A：雨停了没有？
　　B：_____。（更）
　　A：不知道明天下不下雨？
　　B：我觉得_____。（会）

(3) A：你觉得很冷吗？
　　B：不，只是_____。（有点儿）
　　A：听说明天会很冷。
　　B：明天我要多穿_____。（一点儿）

4. 回答问题　Answer the following questions

(1) 今天天气怎么样？
(2) 你习惯不习惯这儿的天气？
(3) 你最喜欢什么天气？最不喜欢什么天气？为什么？
(4) 你们国家什么时候天气最好？

5. 活动　Activities

(1) 猜猜下面词语的意思。What do the words below mean?
　　雨衣　运动鞋　旅游鞋　地下室

(2) 打电话 12121，听天气预报（yùbào, forecast），然后告诉大家明天天气怎么样。
Call 12121 to listen to the weather forecast and tell your classmates.

(3) 说一说：你们国家的天气。Talk about your country's weather.

(4) 讨论：天气很冷或很热的时候，我们应该做什么？
Discuss what we should do when it's very cold or very hot.

Dì-èrshíliù kè
第二十六 课

Cānguān bówùguǎn
参观 博物馆

Rèshēn 热身 — Warming up activities

1 读句子 Read sentences

(1) 天气很好，有太阳，可是有点儿热。
(2) 天气有点儿冷，有时候下小雨。

2 交换意见：如果上面的句子是星期六的天气预报，那你打算做什么？ Exchange your plan: If the weather of this Saturday were the same as the case above, what would you do?

3 调查同学们的打算，并统计人数。 Survey your classmates about the above question and fill in the blanks below.

	晴天	雨天
(1) 出去玩儿	_____	_____
(2) 出去买东西	_____	_____
(3) 在学校学习	_____	_____
(4) 在宿舍里休息	_____	_____

第二十六课　参观博物馆

Shēngcí 生词　New words

1.	懂	dǒng	动	understand	이해하다	分かる
2.	看不懂	kàn bu dǒng		cannot understand when reading or watching	(보는 것을) 이해하지 못하다	分からない
3.	如果	rúguǒ	连	suppose, if	만약	もし
4.	博物馆	bówùguǎn	名	museum	박물관	博物館
5.	参观	cānguān	动	visit (museum, new thing, etc)	참관하다	見学
6.	长	cháng	形	long	길다	長い
7.	时间	shíjiān	名	time	시간	時間
8.	免费	miǎnfèi	动	free of charge	무료로 하다	無料
9.	开	kāi	动	open	열다	開ける
10.	北	běi	名	north	북	北
11.	看见	kànjiàn	动	see	보다	見える
12.	手机	shǒujī	名	mobile phone	핸드폰	携帯電話
13.	可能	kěnéng	副	maybe, probably	아마도	~可能性がある
14.	堵车	dǔ chē	动	traffic-jam	차가 막히다	渋滞
15.	分钟	fēnzhōng	名	minute	분	分
16.	出口	chūkǒu	名	exit	출구	出口
17.	出去	chūqu	动	go out, get out	나가다	出て行く

Jùzi 句子 Sentences

1. Wǒmen kàn bu dǒng jièshào de shíhou jiù wèn nǐ.
   我们看不懂介绍的时候就问你。

2. Rúguǒ wǒmen kàn bu dǒng jièshào, jiù wèn nǐ.
   如果我们看不懂介绍，就问你。

3. Rúguǒ kàn bu dǒng jièshào, wǒmen jiù wèn nǐ.
   如果看不懂介绍，我们就问你。

Duìhuà 对话 Dialogs

Lǐ Yáng: Dàyǒng、Hālì, míngtiān yǒu shénme dǎsuàn?
李　阳：大永、哈利，明天有什么打算？

Jīn Dàyǒng: Wǒ xiǎng qù cānguān bówùguǎn.
金大永：我想去参观博物馆。

Lǐ Yáng: Bówùguǎn? Wǒ hěn cháng shíjiān méi qù nàr le. Míngtiān wǒmen yìqǐ qù.
李　阳：博物馆？我很长时间没去那儿了。明天我们一起去。

Jīn Dàyǒng: Tài hǎo le! Wǒmen kàn bu dǒng jièshào de shíhou jiù wèn nǐ.
金大永：太好了！我们看不懂介绍的时候就问你。

Lǐ Yáng: Méi wèntí, wǒ shì miǎnfèi de dǎoyóu.
李　阳：没问题，我是免费的导游。

第二十六课 参观博物馆

金大永：博物馆几点开门？

李　阳：早上九点。我们九点钟在博物馆的北门见。如果没看见我，你们就打我的手机。

金大永：明天我们早点儿出发。路上可能堵车。

李　阳：坐地铁不会堵车，二十多分钟就到人民广场了。下车以后，从1号出口出去。

根据对话内容回答问题 Answer questions according to the dialog

(1) 他们打算在哪儿见面？

(2) 李阳也去博物馆，为什么金大永很高兴？

1. 语音　Phonetic practice

(1) 韵母　The finals

ian：	时间	看见	免费	几点	方便
u：	堵车	路上	出口	如果	博物馆
uan：	参观	习惯	博物馆	欢迎	没关系

(2) 声母　The initials

j：时间　　手机　　看见　　介绍
x：下雨　　习惯　　穿鞋　　下车
q：天气　　一起　　空气　　星期

(3) 断句　Pause

我们/看不懂介绍/的时候/就/问你。

我们/九点钟/在博物馆/门口/等。

坐地铁/二十多分钟/就到/人民广场了。

(4) 轻音/重音　Accentual and unaccentual words

坐地铁二十多分钟就到了。

他七点钟就起床了。

如果看不懂，我们就问你。

如果我还没到，你就等我一会儿。

2. 模仿造句　Imitation

(1) 如果没看见我，你们就打我的手机。
　　如果明天下雨，我们就不出去玩儿了。
　　如果堵车，我们就坐地铁去。

(2) 坐地铁二十多分钟就到博物馆了。
　　他们七点半就出发了。
　　老师说一次，他就懂了。

第二十六课　参观博物馆

(3) 我很长时间没去博物馆了。
　　他很长时间没来我家了。
　　这儿很长时间没下雨了。
　　_____

3. **完成对话**　Complete the following dialogs

　(1) A：_____？
　　　B：我来中国三个月了。
　　　A：你学汉语多长时间了？
　　　B：从_____开始，已经有_____。
　(2) A：博物馆_____？
　　　B：不太远。
　　　A：坐车要多长时间？
　　　B：_____。
　(3) A：导游说明天几点出发？
　　　B：_____。
　　　A：那我们七点起床吧。
　　　B：今天晚上_____。（早点儿）
　　　A：_____。

4. **回答问题**　Answer the following questions

　(1) 从学校去博物馆怎么走？
　(2) 你喜欢去博物馆吗？你常去博物馆吗？
　(3) 你最喜欢去哪种博物馆？

5. 活动　Activities

(1) 打电话问114：博物馆的电话号码是多少？
　　Call 114 to ask the telephone number of the museum.

(2) 给博物馆打电话，问问下面这些问题：
　　Call the museum and ask the questions below:

　　早上什么时候开门？

　　星期天开不开门？

　　晚上什么时候关(guān, to close)门？

　　门票多少钱？

第二十七课
Dì-èrshíqī kè

剪短 一点儿
Jiǎnduǎn yìdiǎnr

热身 Warming up activities

1 填量词（如果不需要量词，就画"×"）。 Fill in the parenthesis with a measure word (Mark an × if a measure word is unnecessary).

一（　）月	两（　）星期
三（　）天	四（　）分钟

2 回答问题 Answer questions

(1) 你来中国几个月了？你打算什么时候回国？
(2) 今天你有多少节课？从几点到几点？
(3) 明天也是这个时间上课吗？后天呢？

Shēngcí 生词 — New words

#	汉字	Pinyin	词类	English	한국어	日本語
1	每	měi	代	every, each	매	毎
2	年	nián	名	year	년	年
3	发型	fàxíng	名	hair style	헤어 스타일	髪型
4	小时	xiǎoshí	名	hour	시간	~時間
5	大概	dàgài	副	perhaps, generally	대개는	多分
6	才	cái	副	[indicating that something happen lately or cost a long time]	겨우, 방금	やっと~した
7	剪	jiǎn	动	cut (by scissors)	자르다	(髪を)切る
8	头	tóu	名	head	머리	頭
9	头发	tóufa	名	hair	머리카락	髪
10	样儿	yàngr	名	type, kind	모양	タイプ
11	短	duǎn	形	short	짧다	短い
12	你看	nǐ kàn		in your opinion	당신 생각에는	見てください
13	不过	búguò	连	but, though	그러나	~だが ~けれども
14	吹	chuī	动	flow	불다	吹く
15	干	gān	形	dry	마르다, 건조하다	乾かす
16	就	jiù	副	just, precisely	곧, 바로	確認と強調を表す副詞
17	行	xíng	动	OK, all right	가능하다	OK

第二十七课 剪短一点儿

1. Wǒ yìnián huàn liǎng cì fàxíng.
   我一年换两次发型。

2. Měi cì zuò xīn fàxíng yào sān ge xiǎoshí.
   每次做新发型要三个小时。

3. Zuò zhèi zhǒng fàxíng dàgài yào sān ge xiǎoshí.
   做这种发型大概要三个小时。

4. (Zuò) zhèi zhǒng fàxíng dàgài yào sān ge xiǎoshí cái néng zuòwán.
   （做）这种发型大概要三个小时才能做完。

fàxíngshī: Qǐng zuò. Nín xiǎng xǐ tóufa háishi jiǎn tóufa?
发型师：请 坐。您 想 洗 头发 还是 剪 头发？

Fāng zǐ: Wǒ xiǎng huàn ge fàxíng.
芳 子：我 想 换 个 发型。

fàxíngshī: Nín xiǎng yào shénme yàngr de fàxíng? Zhèr yǒu hěn duō fàxíng
发型师：您 想 要 什么 样儿 的 发型？这儿 有 很 多 发型

de zhàopiàn, nín xǐhuan něi yì zhǒng?
的 照片，您 喜欢 哪 一 种？

Fāng zǐ: Tiānqì rè le, wǒ xiǎng yào duǎn yìdiǎnr de. Wǒ juéde zhèi
芳 子：天气 热 了，我 想 要 短 一点儿 的。我 觉得 这

zhǒng búcuò, nǐ kàn ne?
种 不错，你 看 呢？

177

发型师：fàxíngshī: Bú shì búcuò, shì hěn piàoliang. Rúguǒ nín xǐhuan zhèi zhǒng fàxíng,
发型师：不是不错，是很漂亮。如果您喜欢这种发型，

wǒmen jiù kāishǐ zuò le.
我们就开始做了。

芳子：Fāng zǐ: Yào duō cháng shíjiān?
芳子：要多长时间？

发型师：fàxíngshī: Dàgài yào sān ge xiǎoshí cái néng zuòwán.
发型师：大概要三个小时才能做完。

芳子：Fāng zǐ: Méi guānxi, jīntiān wǒ yǒu kòngr. Búguò, wǒ měitiān zǎoshang
芳子：没关系，今天我有空儿。不过，我每天早上

yào xǐ tóufa, xǐwán yǐhòu yào zěnme zuò? Máfan bu máfan?
要洗头发，洗完以后要怎么做？麻烦不麻烦？

发型师：fàxíngshī: Yìdiǎnr yě bù máfan. Xǐwán yǐhòu chuīgān jiù xíng le. Bù
发型师：一点儿也不麻烦。洗完以后吹干就行了。不

chuī yě kěyǐ.
吹也可以。

芳子：Fāng zǐ: Hǎo, wǒ jiù yào zhèi ge fàxíng.
芳子：好，我就要这个发型。

根据对话内容回答问题 Answer questions according to the dialog

(1) 芳子要什么样儿的发型？
(2) 做新发型要多长时间？
(3) 芳子多长时间洗一次头发？

第二十七课 剪短一点儿

1. 语音 Phonetic practice

(1) 声母　The initials

　　　f：头发　　发型　　麻烦　　方便　　出发　　免费
　ch-zh：常常　　长短　　吹头发　找到　　一种　　照片

(2) 韵母　The finals

　　ou：以后　　头发　　出口　　手机
　　uo：不错　　不过　　多长　　请坐

(3) 声调　The tones

　ˇˊ：每年　　很长　　小时　　可能　　剪头发
　ˇˋ：每次　　以后　　你看　　短发　　有空儿

(4) 轻音 / 重音　Accentual and unaccentual words

在下列句子中的"就"表示加强肯定，要重读。相对地，后面的"要、是、在"等则轻读。

In the following sentences, "就" indicates emphasizing and affirmative, which shold be streeed. Relatively, words like "要、是、在" should be unstressed.

我就要这个发型。

我就是你要找的人。

我家就在学校旁边儿。

2. 模仿造句　Imitation

(1) 要三个小时才能做完。

　　这本书要一个星期才能看完。

去法国要坐十个小时飞机才到。

_____

(2) 做这个发型一点儿也不麻烦。
这件衣服一点儿也不贵。
我一点儿也不知道这件事。

_____

(3) 我每天早上都洗头发。
他每个月都去一次北京。
每个人都知道这件事。

_____

3. 完成对话　Complete the following dialogs

(1) A：我的头发是不是太长了，要剪短一点儿吗？
　　B：_____。（一点儿也）

(2) A：你是不是_____散步？（每天）
　　B：是啊。你也来吧。
　　A：不，我要_____。

(3) A：你想剪_____？（样儿）
　　B：我的头发太多，请帮我剪少_____。
　　A：这个样子_____，你看呢？
　　B：_____，不过_____。（不错）

4. 回答问题　Answer the following questions

(1) 你现在的发型是长的还是短的？喜欢长头发还是短头发？

(2) 你的头发是什么颜色的？你喜欢这种颜色吗？

(3) 你多长时间剪一次头发？每次要多长时间？

(4) 在你们国家，剪头发、做新发型贵不贵？

5. 活动　Activities

(1) 说一说：你喜欢的发型。　Talk about your favorite hair style.

(2) 问问中国朋友。　Ask a Chinese friend the question below.
剪头发的店叫什么店？

(3) 用学过的名词加上"店"，加上自己的名字，组成一个店名。如：芳子书店。然后说说你的店里卖什么东西。
Name a shop with your name, using the word "店" and other nouns we've learned, e. g. 芳子书店. Then tell others what you are going to sell in your shop.

Dì-èrshíbā kè
第二十八课

Bǎ lǐwù fàng zài bāo li
把礼物放在包里

Rèshēn 热身　Warming up activities

1　复习时间词　Review the time words

(1) 一年　　一天　　一分钟
(2) 一个月　一个星期　一个小时

2　复习　Review

茶　钟　鞋　手机　画儿　衣服　水果　雨伞

3　讨论　Discuss

新年或者生日的时候，上边儿这些东西可不可以送给家人和朋友？

第二十八课　把礼物放在包里

Shēngcí 生词　New words

1. 把	bǎ	介	[used when the object is placed before a verb]	목적어를 동사 앞으로 이동시키는 작용을 한다	目的語を動詞の前に繰り上げて、その目的語に処置をくわえたり影響を与える文を作る
2. 礼物	lǐwù	名	gift	선물	プレゼント
3. 放	fàng	动	put	놓다	置く
4. 丝绸	sīchóu	名	silk	실크	シルク
5. 轻	qīng	形	light, of little weight	가볍다	軽い
6. 这么	zhème	副	so [used before a verb or an adjective]	이렇게	そんなに
7. 逛	guàng	动	stroll	한가로이 거닐다	ぶらぶら歩く
8. 街	jiē	名	street	길,거리	ストリート
9. 咖啡厅	kāfēitīng		café	커피숍	カフェ
10. 渴	kě	形	thirsty	목 마르다	喉が渇いている
11. 重	zhòng	形	heavy	무겁다	重い
12. 当然	dāngrán	副	of course; surely	당연히	当然
13. 袋儿	dàir	名	bag	자루(명사)	袋
14. 挂	guà	动	hang	걸다	掛ける

15. 柜子	guìzi	名	cupboard, cabinet	장,궤짝	タンス
16. 不用	búyòng	副	not to need	-할 필요가 없다	いらない
17. 客气	kèqi	形	polite, unobtrusive	예의 바르다, 정중하다	遠慮する

Jùzi 句子　Sentences

1. Bǎ lǐwù fàng zài bāo li ba.
   把礼物放在包里吧。

2. Wǒ bāng nǐ bǎ lǐwù fàng zài bāo li le.
   我帮你把礼物放在包里了。

3. Yào wǒ bāng nǐ bǎ lǐwù fàng zài bāo li ma?
   要我帮你把礼物放在包里吗?

Duìhuà 对话　Dialogs

Lì shā: Fāngzǐ, nǐ hái xiǎng mǎi shénme?
丽 莎：芳子，你 还 想 买 什么？

Fāng zǐ: Gěi māma de lǐwù hái méi mǎi ne. Nǐ shuō mǎi shénme hǎo?
芳 子：给 妈妈 的 礼物 还 没 买 呢。你 说 买 什么 好？

Lì shā: Wǒ juéde sòng sīchóu zuì hǎo. Zhōngguó de sīchóu hěn yǒumíng,
丽 莎：我 觉得 送 丝绸 最 好。中国 的 丝绸 很 有名，

yòu bǐjiào qīng, fàng zài bāo li hěn fāngbiàn.
又 比较 轻，放 在 包 里 很 方便。

第二十八课　把礼物放在包里

芳子：Wǒ yě zhème xiǎng. Lìshā, wǒmen zhǎo ge kāfēitīng zuò yíhuìr ba, Wǒ yǒudiǎnr kě le.
芳子：我也这么想。丽莎，我们找个咖啡厅坐一会儿吧，我有点儿渴了。

丽莎：Guàngle liǎng ge duō xiǎoshí le, wǒ yě lèi le.
丽莎：逛了两个多小时了，我也累了。

根据对话内容回答问题 Answer questions according to the dialog

(1) 丽莎为什么说"丝绸最好"？
(2) 她们逛了多长时间了？

2.

[丽莎和芳子回到宿舍。]

丽莎：Zhēn zhòng a!
丽莎：真重啊！

芳子：Dāngrán zhòng le, wǒmen mǎile zhème duō dōngxi! Yī èr sān sì, sì ge dàir!
芳子：当然重了，我们买了这么多东西！一，二，三，四，四个袋儿！

丽莎：À! Dào jiā le!
丽莎：啊！到家了！

芳子：Nǐ xiūxi yíhuìr ba. Wǒ xiān bǎ dōngxi fàng dào guìzi li.
芳子：你休息一会儿吧。我先把东西放到柜子里。

Yào wǒ bāng nǐ bǎ yīfu guàhǎo ma?
要我帮你把衣服挂好吗？

丽莎：Hǎo de, xièxie nǐ.
丽莎：好的，谢谢你。

185

Fāng zǐ： Wǒmen shì péngyou, búyòng kèqi.
芳 子：我们 是 朋友，不用 客气。

根据对话内容回答问题 Answer questions according to the dialog

(1) 丽莎说"真重啊！"是什么东西重？

(2) 她们买了多少东西？

(3) 芳子回宿舍以后做什么？

Liànxí
练习   Exercises

1. **语音** Phonetic practice

   (1) 声母   The initials

      g：柜子　　挂好　　逛街　　大概

      k：客气　　很渴　　可能　　咖啡

      r：当然　　如果　　人民　　天气热

   (2) 韵母   The finals

      ang：放好　　帮你　　方便　　长时间

      ong：轻重　　东西　　不懂　　送礼物

   (3) 音变   Phonetic changes

      yìqǐ　　　yídìng　　yícì　　　yíhuìr　　yíxiàr
      一起　　　一定　　　一次　　　一会儿　　一下儿

      yì tiáo jiē　　yí ge dàir　　yí jiàn lǐwù　　yí kuài sīchóu
      一 条 街　　一 个 袋儿　　一 件 礼物　　一 块 丝绸

      yí jiàn yīfu　　　yì jiā yínháng　　yì jiā kāfēitīng
      一 件 衣服　　　一 家 银行　　　　一 家 咖啡厅

第二十八课　把礼物放在包里

(4) 轻音/重音　Accentual and unaccentual words

＊动词后面的"在"和"到"轻读。
"在" and "到" sound weak when they go after verbs.

丝绸放在包里。　　　　衣服挂在柜子里。
他睡在床上。　　　　　把蛋糕送到他房间里。
把书放到老师的桌子上。　把哈利叫到办公室来。

＊句末语气词"呢"重读表示强调，如"模仿造句"第(1)组。
"呢" with stressed tone in exercise 2 (1) expresses emphasis.

2. 模仿造句　Imitation

(1) 给妈妈的礼物还没买呢。
这本书我还没看完呢。
去北京的车票还没买呢。

_____

(2) 我把衣服挂好了。
我把画儿挂好了。
我把头发吹干了。

_____

(3) 要我帮你把衣服挂好吗？
要我去机场接你吗？
要我给你带瓶水来吗？

_____

3. 完成对话　Complete the following dialogs

(1) A：星期天你有空儿吗？
　　B：有空儿。_____？
　　A：请你去我家玩儿。
　　B：太好了！我要带什么东西去？
　　A：你来就好，_____。（不用）

(2) A：我回来了！超市里的人_____。（真）
　　B：我要的水果买了没有？
　　A：买了。你看。
　　B：好的，_____桌上吧。（把）

(3) A：明天是我妈妈的生日，你说_____？
　　B：你觉得绿茶怎么样？
　　A：好。_____。（又……又……）

4. 回答问题　Answer the following questions

(1) 在家里，你爸爸或者哥哥给你咖啡，你会说"谢谢"吗？
(2) 芳子说"我们是朋友，不用客气。"你觉得对吗？

5. 活动　Activities

(1) 问问中国朋友，他们对家里人和朋友说"谢谢"吗？
　　Ask your Chinese friends if they say "Thank you" to their family and friends or not.

(2) 讨论：新年或者爸爸妈妈生日的时候，你送什么礼物给他们？
　　Talk about new-year gifts or birthday gifts for your parents.

第二十八课　把礼物放在包里

(3) 先完成句子，再做相应动作。

把下面的词放到合适的位置。用"我想把……动词+到/在……"句型。

例如：我想把衣服挂到教室里。

Make sentences with "把" to put things at the right place.

把	杯子　雨伞　钱 水果　衣服　菜 照片　手机　笔 车票　啤酒　水 米饭　蛋糕　鞋	放 挂 送	在 到	墙（qiáng, wall） 椅子　书包 教室　桌子	里 上 上边 下 下边

Dì-èrshíjiǔ kè
第二十九课

Fúwùyuán hěn rèqíng
服务员 很 热情

Rèshēn 热身 — Warming up activities

1 复习词语 Review the words

餐厅　食堂　超市　商店　宾馆　咖啡厅　博物馆

2 猜词语 What do the words below mean?

饭店　酒店　餐馆　茶馆　咖啡馆

Shēngcí 生词 — New words

1. 近	jìn	形	near	가깝다	近い
2. 走路	zǒu lù	动	walk	걸어가다	歩く
3. 楼下	lóu xià		downstairs	아래층	階下

第二十九课 服务员很热情

4.	菜单	càidān	名	menu	메뉴	メニュー
5.	南	nán	名	south	남	南
6.	油	yóu	名、形	oil; oily	기름; 기름진	油 脂っこい
7.	空	kòng	形	vacant, spare	여유롭다	空いてる
8.	热情	rèqíng	形	enthusiastic, cordial	친절하다	心がこもっている
9.	碗	wǎn	名、量	bowl	그릇	碗
10.	双	shuāng	量	[measure word for things in pairs]	쌍	二つの
11.	筷子	kuàizi	名	chopsticks	젓가락	箸
12.	汤	tāng	名	soup	국	スープ
13.	下次	xiàcì		next time	다음	この次
14.	以前	yǐqián	名	before; formerly	이전	以前
15.	到	dào		to get something which was expected	로착하다	着く
16.	饱	bǎo	形	full	배부르다	おなかが一杯になった
17.	广东	Guǎngdōng		[name of one China's province]	광동(도시)	広東
18.	北龙饭店	Běilóng fàndiàn		[name of a restaurant]	북용식당	北竜レストラン
19.	饺子	jiǎozi		Jiaozi [a kind of Chinese dumpling]	물만두	餃子

Jùzi 句子 Sentences

1. Lǐ Yáng zhīdào yì jiā Guǎngdōng cāntīng.
   李阳知道一家广东餐厅。

2. Guǎngdōng cāntīng lí xuéxiào hěn jìn.
   广东餐厅离学校很近。

3. Cóng Guǎngdōng cāntīng dào xuéxiào zǒu lù zhǐ yào shí fēnzhōng.
   从广东餐厅到学校走路只要十分钟。

4. Lǐ Yáng zhīdào yì jiā Guǎngdōng cāntīng, lí xuéxiào hěn jìn, zǒu lù zhǐ yào shí fēnzhōng.
   李阳知道一家广东餐厅,离学校很近,走路只要十分钟。

Duìhuà 对话 Dialogs

1.

Lì shā: Wǒmen sùshè lóu xià de cāntīng zhèi ge xīngqī huànle càidān.
丽 莎:我们 宿舍楼下的 餐厅 这个星期 换了菜单。

Shàngbianr yǒu zhàopiàn. Yǐhòu kàn càidān jiù bú shì wèntí le.
上边儿 有 照片。以后 看 菜单 就 不是 问题 了。

Jīn Dàyǒng: Búguò, nàr de cài tài yóu le, wǒ bútài xíguàn.
金 大永:不过,那儿的 菜太油了,我不太习惯。

Lì shā: Nánmén pángbiān de Běilóng fàndiàn zěnmeyàng?
丽 莎:南门 旁边 的 北龙 饭店 怎么样?

Jīn Dàyǒng: Nàr de cài hěn hǎochī, kěshì rén tài duō, xiànzài qù yídìng
金 大永:那儿的 菜很 好吃, 可是人太多,现在去一定

méiyǒu kòng zhuōzi.
没有 空 桌子。

第二十九课　服务员很热情

李　阳：Wǒ zhīdào yì jiā Guǎngdōng cāntīng, lí zhèr hěn jìn, zǒu lù
　　　　我　知道　一　家　广东　餐厅，离　这儿　很　近，走路

　　　　zhǐ yào shí fēnzhōng. Cài yòu hǎochī, fúwùyuán yòu rèqíng.
　　　　只　要　十　分钟。菜　又　好吃，服务员　又　热情。

根据对话内容回答问题 Answer questions according to the dialog

（1）楼下餐厅的新菜单上边儿有什么？
（2）他们为什么不去北龙饭店？
（3）从学校到广东餐厅要走多长时间？

2...

[在餐厅，李阳接电话。]

李　阳：Hālì, nǐ lái ba. Wǒmen děng nǐ. Hǎo, yíhuìr jiàn. Hālì
　　　　哈利，你　来吧。我们　等　你。好，一会儿　见。哈利

　　　　shuō tā wǔ fēnzhōng hòu dào. Fúwùyuán! Zài gěi wǒmen yí ge
　　　　说　他　五　分钟　后　到。服务员！再　给　我们　一个

　　　　wǎn hé yì shuāng kuàizi!
　　　　碗　和　一　双　筷子！

金大永：Zhèi zhǒng jītāng zhēn xiāng, wǒ xiàcì hái yào hē.
　　　　这　种　鸡汤　真　香，我　下次　还要　喝。

丽　莎：Lǐ Yáng, nǎr yǒu chī jiǎozi de? Lái Zhōngguó yǐqián wǒ jiù
　　　　李阳，哪儿　有　吃　饺子的？来　中国　以前　我　就

　　　　tīngshuō Zhōngguó de jiǎozi hěn hǎochī, kěshì láile liǎng ge
　　　　听说　中国　的　饺子　很　好吃，可是　来了　两　个

duō yuè le, hái méi chīdào.
多月了，还没吃到。

Lǐ Yáng: Nǐ xiǎng chī jiǎozi? Wǒ zhīdào yǒu yì jiā diàn de jiǎozi hěn
李 阳：你 想 吃 饺子？我 知道 有 一 家 店 的 饺子 很

búcuò, zhǐshì lí xuéxiào yǒudiǎnr yuǎn. Xiàcì wǒ dài nǐ qù.
不错，只是 离 学校 有点儿 远。下次 我 带 你 去。

Nǐ zěnme bù chī le?
你 怎么 不 吃 了？

Lì shā: Wǒ chībǎo le.
丽 莎：我 吃饱 了。

根据对话内容回答问题　Answer questions according to the dialog

（1）为什么丽莎没吃到饺子？

（2）李阳说"只是离学校有点儿远"，"只是"是什么意思？

Liànxí 练习　Exercises

1. 语音　Phonetic practice

（1）声调　The tones

- ‾ ‾ ：餐厅　　分钟　　鸡汤　　真香　　星期
- ˊ ˋ ：不错　　习惯　　不过　　一定　　楼下
- ˇ ˋ ：走路　　米饭　　以后　　远近　　只要

第二十九课　服务员很热情

(2) 韵母　The finals

r：热情　　当然　　如果　　牛肉

c：下次　　不错　　菜单　　餐厅

(3) 断句　Pause

我们宿舍楼下的/餐厅/这个星期/换了/菜单。

学校南门旁边的/北龙饭店/怎么样?

到那个餐厅/走路/只要/十分钟。

2. 模仿造句　Imitation

(1) 那家餐厅的菜又好吃，服务员又热情。

这件衣服颜色又漂亮，价钱又便宜。

她人又热情，学习又好。

_____

(2) 两个多月了，她还没吃到饺子。

一个多星期了，他还没买到那本书。

走了半个小时了，还没走到地铁站。

_____

3. 完成对话　Complete the following dialogs

(1) A：这个菜_____?

B：这个菜挺_____。(又……又……)

A：_____就多吃点儿。

B：我想学做这个菜。

(2) A：李阳，蛋糕很香，你怎么不吃？

　　B：蛋糕太甜(tián, sweet)，我＿＿＿＿＿＿＿。

　　A：水果来了，尝尝吧。

　　B：＿＿＿＿＿＿＿＿＿＿。

(3) A：来中国半年了，你习惯吃中国菜了没有？

　　B：＿＿＿＿＿＿＿＿＿＿。（还没）

　　A：在上海能吃到印尼菜吗？

　　B：能，上海＿＿＿＿＿＿＿＿印尼餐厅。

　　A：在哪儿？远不远？

　　B：＿＿＿＿＿＿＿＿＿＿。

4. 回答问题　Answer the following questions

(1) 你会不会做饭？

(2) 你们学校的食堂怎么样？

(3) 你常去哪儿吃饭？

(4) 你常吃哪几个菜？

5. 活动　Activities

(1) 说说"我最喜欢的餐厅"。　Talk about your favorite restaurant.

这个餐厅在哪儿？怎么去？

这个餐厅的菜怎么样？

这个餐厅的菜贵不贵？

这个餐厅的服务员怎么样？

要用这些词语：Use the words below:

因为　可是　常常　服务　一点儿也不

第二十九课 服务员很热情

(2) 表演点菜。 Act as a guest to order dishes in a restaurant.

A：您好，请坐。您现在点菜吗？

B：是的，请给我菜单。……

(3) 下面是一张菜单，选一个你吃过的菜，向你的同学介绍。
Choose a dish from the menu below and introduce it to your classmates.

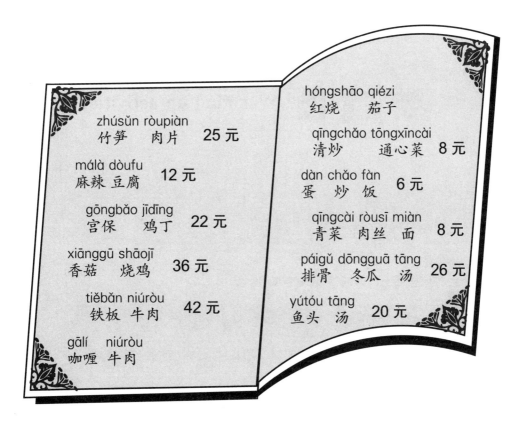

zhúsǔn ròupiàn
竹笋 肉片　25元

málà dòufu
麻辣 豆腐　12元

gōngbǎo jīdīng
宫保 鸡丁　22元

xiānggū shāojī
香菇 烧鸡　36元

tiěbǎn niúròu
铁板 牛肉　42元

gālí niúròu
咖喱 牛肉

hóngshāo qiézi
红烧 茄子

qīngchǎo tōngxīncài
清炒 通心菜　8元

dàn chǎo fàn
蛋 炒 饭　6元

qīngcài ròusī miàn
青菜 肉丝 面　8元

páigǔ dōngguā tāng
排骨 冬瓜 汤　26元

yútóu tāng
鱼头 汤　20元

第三十课 Dì-sānshí kè

再检查一下儿 Zài jiǎnchá yíxiàr

热身 Rèshēn Warming up activities

1 复习 Review

包　袋　盒子　罐子

2 回答问题 Answer questions

(1) 回国的时候，你打算带多少东西？
(2) 从学校去机场，可以坐什么车？要多长时间？

3 用这些词语造句 Make a sentence with the words below

出发　机场　以前　小时

4 轻音/重音 Accentual and unaccentual words

我去机场接他。　　他带我去玩儿。
这件事别告诉他。　　我很想你。

第三十课 再检查一下儿

Shēngcí 生词 — New words

#						
1.	送	sòng	动	see someone off	보내다,주다	送る
2.	箱子	xiāngzi	名	suitcase, box	상자	箱
3.	其他	qítā	代	other	기타,다른	その他
4.	检查	jiǎnchá	动	check	검사하다	検査
5.	忘	wàng	动	forget	잊다	忘れる
6.	帽子	màozi	名	hat, cap	모자	帽子
7.	出租(汽)车	chūzū (qì)chē	名	taxi	택시	タクシー
8.	师傅	shīfu	名	(polite title for one with accomplished skill)	스승,사범	タクシー運転手に対する呼称(運転手さん)
9.	快	kuài	形	quick	빠르다	早い
10.	得	děi	动	have to, must	-해야 한다	~しなければばならない
11.	着急	zháo jí	形	worry, anxious	조급해하다	焦る
12.	虽然	suīrán	连	although	비록 - 일지라도	~ではあるけれども
13.	前面	qiánmiàn	名	front	앞	前

199

14.	拿	ná	动	take	잡다, 가지다	取る
15.	发票	fāpiào	名	invoice, receipt	영수증	領収証

Jùzi 句子 Sentences

1. Nǐ búyòng sòng wǒ qù jīchǎng.
   你不用送我去机场。

2. Gēge shuō: "Nǐ búyòng sòng wǒ qù jīchǎng."
   哥哥说:"你不用送我去机场。"

3. Gēge shuō búyòng wǒ sòng tā qù jīchǎng.
   哥哥说不用我送他去机场。

Duìhuà 对话 Dialogs

1. …

Fāng zǐ: Yí ge xiāngzi, yí ge bāo, hái yǒu qítā dōngxi ma?
芳 子:一个 箱子、一个 包,还 有 其他 东西 吗?

gē ge: Wǒ zài jiǎnchá yíxiàr, bié bǎ dōngxi wàng zài bīnguǎn li. Ò!
哥 哥:我 再 检查 一下儿,别 把 东西 忘 在 宾馆 里。哦!

Màozi! Wǒ de màozi ne?
帽子! 我的 帽子 呢?

Fāng zǐ: Màozi zài nín tóu shang ne. Hǎo le, zǒu ba.
芳 子:帽子 在 您 头 上 呢。好 了,走 吧。

第三十课 再检查一下儿

哥 哥：你不用送我去机场。我自己叫出租车就行了。

芳 子：不，我想陪您到机场。

根据对话内容回答问题 Answer questions according to the dialog

(1) 哥哥的帽子在哪儿？
(2) 他们打算坐什么车去机场？

2．．．

哥 哥：师傅，快点儿行吗？我十二点得到机场。

司 机：您别（着）急。虽然路有点儿堵，不过十二点一定能到。

芳 子：师傅，这儿离机场不远了吧？

司 机：对，不远了，就要到了。

……

司 机：先生、小姐，机场到了。

哥 哥：请把车停在前面"出发"的地方。

sī jī: Bié wàngle ná nǐmen de dōngxi. Zhè shì fāpiào, qǐng náhǎo.
司 机：别 忘了拿 你们 的 东西。这 是 发票，请 拿好。

根据对话内容回答问题 Answer questions according to the dialog

(1) 哥哥为什么着急？

(2) 他们有没有迟到？

Liànxí 练习 Exercises

1. 语音 Phonetic practice

(1) 声母 The initials

　　j-z-zh：检查　　着急　　坐出租汽车去机场

(2) 声调 The tones

　　ˊ ˋ：不会　　迟到　　不用　　别忘了
　　ˋ ˇ：自己　　不远　　快点　　送走
　　ˉ ˇ：宾馆　　机场　　吃饱　　汤碗

(3) 轻音/重音 Accentual and unaccentual words

＊轻声：帽子　先生　师傅　头上　地方　前面　右面

＊下列句子里的"就要"轻读，"要"比"就"更轻。
"就" sounds weak in sentences below and "要" is weaker.

机场就要到了。

我们就要到机场了。

哥哥就要回国了。

(4) 语气语调　Intonation

* 句末语调上升，"呢"表示疑问语气。

Rising tones express interrogation with the word "呢" at the end of a sentence.

我的帽子呢？↗　　金大永人呢？↗　　你们在聊什么呢？↗

* 句末语调下降，表示强调。在下面的句子中，"呢"要重读。

Falling tones express emphasis with a stressed "呢" at the end of a sentence.

帽子在您头上呢。↘

他带了三个大箱子呢。↘

他能吃很辣的菜呢。↘

2. 模仿造句　Imitation

(1) 十二点钟我得到机场。
    没有车，你得走路去。
    这件衣服得720块钱。

_____

(2) 虽然路有点儿堵，不过十二点一定能到。
    虽然下雨了，可是天气不太冷。
    博物馆虽然很近，可是坐车不方便。

_____

(3) 别忘了告诉爸爸我想他。
    别忘了把礼物给妈妈。
    别忘了明天去机场接朋友。

_____

3. 完成对话　Complete the following dialogs

（1）A：这个饭店没有座位(zuòwèi, seat)了。要等一会儿。

　　B：＿＿＿＿＿＿＿？（得）

　　A：大概得等二十分钟。＿＿＿＿＿＿＿？

　　B：我们不等了，去旁边那个餐厅吧。

（2）A：我这两天都没看见芳子。

　　B：她的哥哥来了，＿＿＿＿＿＿＿。（陪）

　　A：如果看见芳子，请你告诉她，我找她有事儿。

　　B：好的。＿＿＿＿＿＿＿。（忘）

（3）A：哎呀！

　　B：＿＿＿＿＿＿＿？

　　A：我把手机＿＿＿＿＿＿＿。（忘）

　　B：快回去找吧。＿＿＿＿＿＿＿。（陪）

4. 回答问题　Answer the following questions

（1）机场离你家远不远？

（2）从你家到机场得多长时间？

（3）如果朋友来中国玩儿，你会到机场接送吗？

5. 活动　Activities

（1）扮演出租车司机和乘客（chéngkè, passenger）进行对话。
　　Make up a dialog by acting as a taxi driver and a passenger.
　　A：您好，去哪儿？
　　B：……

（2）说话：中国的出租汽车。　Make a speech about China's taxi.
　　出租车好不好？坐出租车贵不贵？

出租车多不多？学校（或者你家）门口有没有出租车？
司机好不好？他们跟你聊天儿吗？他们认识路吗？

(3) 小组讨论。　Discuss in groups.
有人在出租车上着急的时候，会说："师傅，快一点儿，再快一点儿！"
你会不会这么说？为什么？

Dì-sānshíyī kè
第三十一课

Yí lù píng'ān
一路平安

Rèshēn 热身 — Warming up activities

1 用"来"或"去"填空　Fill in the blanks with "来" or "去"

(1) 我___朋友家吃饭。

(2) 如果你有空儿就___我们学校看看吧。

(3) 他怎么还在床上，不___上课?

(4) 欢迎你以后常___我们店。

(5) 我们现在出发___机场。

2 下面这些词是什么意思?　What do the words below mean?

| 上来 | 上去 | 下来 | 下去 | 回来 |
| 回去 | 出来 | 出去 | 进来 | 进去 |

第三十一课 一路平安

Shēngcí 生词 New words

1.	着	zhe	助	(indicating the continuation of an action or a state)	-하고서 -한 채로	~している
2.	电脑	diànnǎo	名	computer	컴퓨터	パソコン
3.	身(体)	shēn(tǐ)	名	body	신체.몸.	体
4.	随身	suíshēn	副	(to take) along	몸에 지니다	身に着けている
5.	护照	hùzhào	名	passport	여권	パスポート
6.	行李	xíngli	名	luggage, baggage	짐	荷物
7.	一共	yígòng	副	altogether, in all	모두	併せて
8.	托运	tuōyùn	动	consign	탁송하다, 운송을 위탁하다	託送
9.	它	tā	代	it	그(것), 저(것)	人以外のものを指す
10.	刀子	dāozi	名	knife	칼	ナイフ
11.	登机	dēng jī		board	(비행기에) 탑승하다	搭乗
12.	登机口	dēngjīkǒu	名	boarding gate	탑승구	搭乗口
13	飞机	fēijī	名	airplane	비행기	飛行機
14.	飞	fēi	动	fly	날다	飛ぶ
15.	平安	píng'ān	形	peace, safety	평안하다	無事である

207

16. 一路平安　yí lù píng'ān　　Wish you a good trip.　좋은 여행 되세요.　道中ご無事で

 Jùzi 句子 Sentences

1. Gēge dàizhe yí ge diànnǎobāo.
   哥哥带着一个电脑包。

2. Gēge suíshēn dàizhe yí ge diànnǎobāo.
   哥哥随身带着一个电脑包。

3. Diànnǎobāo kěyǐ suíshēn dài.
   电脑包可以随身带。

 Duìhuà 对话 Dialogs

1...

gōngzuòrényuán: Qǐng bǎ jīpiào hé hùzhào gěi wǒ. Nín yǒu jǐ jiàn xíngli?
工 作 人 员：请 把 机票 和 护照 给 我。您 有 几 件 行李？

gēge: Yígòng liǎng jiàn, yí ge xiāngzi, yí ge diànnǎobāo.
哥　　哥：一共 两 件，一个 箱子、一个 电脑包。

gōngzuòrényuán: Zhèi ge xiāngzi bǐjiào dà, děi tuōyùn. Qǐng bǎ tā ná
工 作 人 员：这 个 箱子 比较 大， 得 托运。请 把 它 拿

shanglai. Diànnǎobāo li yǒuméiyǒu shuǐ, dāozi huòzhě qítā
上来。 电脑包 里 有没有 水、刀子 或者 其他

dōngxi?
东西？

第三十一课 一路平安

哥　哥：只有 电脑 和 一 本 书，没有 不 可以 带 的
　　　　东西。

工 作 人 员：电脑包 您 随身 带着。请 您 12 点 40 到 1
　　　　　　号 登机口 登机。

哥　哥：知道 了。

根据对话内容回答问题 Answer questions according to the dialog

(1) 他们在哪儿？
(2) 芳子的哥哥在做什么？
(3) 芳子的哥哥带了几件行李？

哥　哥：行李 托运 好 了。

芳　子：飞机 什么 时候 飞？

哥　哥：还有 一个 小时。我 进去 等。你 回去 吧。

芳　子：哥哥，回家 以后，别 忘了 告诉爸爸 妈妈 我 想
　　　　他们。

gē   ge：Wǒ huì de. Hǎo le, zàijiàn le!
哥 哥：我 会 的。好 了，再见 了！

Fāng zǐ：Gēge, yí lù píng'ān!
芳 子：哥哥，一路 平安！

根据对话内容回答问题 Answer questions according to the dialog

(1) 哥哥坐的飞机什么时候飞？

(2) 芳子要哥哥做什么？

Liànxí 练习   Exercises

1. 语音   Phonetic practice

(1) 声调   The tones

ˇ ˇ：只有   我想   请把   可以

ˇ ˋ：以后   比较   几件   买票

(2) 音变   Phonetic changes

| yígòng | yì běn shū | yí liàng chē | yì bǎ dāozi |
| 一共 | 一本 书 | 一辆 车 | 一把 刀子 |

| yí ge bāo | yì dǐng màozi | yì tái diànnǎo | yí ge xiāngzi |
| 一个 包 | 一顶 帽子 | 一台 电脑 | 一个 箱子 |

yí lù píng'ān   yī hào dēngjīkǒu
一路 平安   1号 登机口

(3) 轻声   Syllables without tones

箱子   告诉   带着   行李   东西

拿上来 放进去 走出来 挂上去 回家去

第三十一课　一路平安

(4) 断句　Pause

请您/把/护照和机票/给我。

小的/电脑包/可以/随身带着。

请你/别忘了/告诉爸爸妈妈/我想他们。

2. 模仿造句　Imitation

(1) 我带着礼物去看朋友。
　　他带着书去教室了。
　　妈妈带着孩子去散步了。
　　_____

(2) 告诉爸爸我想他。
　　请告诉唐老师我明天请假。
　　我没告诉妈妈我病(bìng, be sick)了。
　　_____

(3) 请把箱子拿上来。
　　请把护照拿出来。
　　别把包放下来。
　　_____

(4) 哥哥回日本去了。
　　哥哥进机场里去了。
　　老师上楼来了。
　　_____

3. 完成对话　Complete the following dialogs

(1) A：你今天没课吗？

　　B：啊？_____？（忘）

　　A：快走吧。

(2) A：什么时候登机？

　　B：_____。

　　A：_____？

　　B：在31号登机口。

(3) A：这个箱子里有一瓶水。

　　B：那不是水，是_____。

　　A：这个不能带上飞机。

　　B：那怎么办？

　　A：_____。（……就行了）

(4) A：我的箱子在上边，你能不能帮我_____？（下来／下去）

　　B：好的。

　　A：谢谢你。等一会儿还得麻烦你把它再_____。（上来／上去）

　　B：没问题。

4. 回答问题　Answer the following questions

(1) 来中国的时候你带了几件行李？

(2) 第一次到中国的时候有人去机场接你吗？

(3) 送朋友走的时候应该说什么话？

(4) 如果坐下午1点20分的飞机，应该什么时候去机场？

5. 活动　Activities

（1）说话：坐飞机的时候可以做什么？不可以做什么？例如：坐飞机的时候不可以打手机。　Make a speech about do's and don'ts on airplane. E.g. It's forbidden to use mobile phone on the plane.

用这些词语：Use the words below：

能　　可以　　别　　别忘了　　得　　应该

（2）完成下面这段乘客（chéngkè, passager）和机场工作人员的对话。
Finish the following dialog between a passenger and an airport worker.

A：您的包里有一把刀子（dāozi, knife），不可以带刀子上飞机。

B：啊？……

Dì-sānshí'èr kè
第三十二课

Dài yí shù huār qù
带 一 束 花儿 去

Rèshēn 热身 Warming up activities

1 语音练习 Phonetic practice

画儿　袋儿　玩儿　有事儿

2 复习 Review

橙子　蛋糕　丝绸　礼物　茶

3 互问互答 Ask and answer each other

在你们国家，去朋友家吃饭带什么礼物？

4 想一想 Think and talk

(1) 如果去中国朋友家，你会带什么礼物去？
(2) 中国朋友的爸爸妈妈，你叫他们什么？

第三十二课　带一束花儿去

Shēngcí 生词　New words

1.	叔叔	shūshu	名	uncle	아저씨	おじさん
2.	阿姨	āyí	名	aunt	아주머니	おばさん
3.	束	shù	量	bunch, bundle (measure word for flower)	다발	束
4.	花儿	huār	名	flower	꽃	お花
5.	正	zhèng	副	just, happen to	마침, 막	ちょうど
6.	刚才	gāngcái	名	a moment ago	방금	先ほど
7.	梨	lí	名	pear	배	梨
8.	斤	jīn	量	[unit of weight, 1 jin is equal to 500 g.]	근	斤(重さの単位) 1斤=500g
9.	写	xiě	动	write	쓰다	書く
10.	面包	miànbāo	名	bread	빵	パン
11.	牛奶	niúnǎi	名	milk	우유	牛乳
12.	酸	suān	形	acid, sour	시다	酸っぱい
13.	酸奶	suānnǎi	名	yogurt	요구르트	ヨーグルト
14.	丝巾	sījīn	名	silk scarf	실크 스카프	シルクスカーフ
15.	上次	shàngcì		last time	지난 번	前回
16.	让	ràng	动	ask sb. to do something	-하도록 시키다	~させる

215

17.	条	tiáo	量	[measure word for scarf, pants, skirt, etc.]	긴 것에 쓰이는 양사	細長いものを数える単位
18.	南京路	Nánjīng Lù		Nanjing Road	남경로(길)	南京路

Jùzi 句子 Sentences

1. Péngyou qǐng wǒ chī wǎnfàn.
   朋友请我吃晚饭。

2. Wǒ de yí ge Zhōngguó péngyou qǐng wǒ chī wǎnfàn.
   我的一个中国朋友请我吃晚饭。

3. Wǒ de yí ge Zhōngguó péngyou qǐng wǒ qù tā jiā chī wǎnfàn.
   我的一个中国朋友请我去他家吃晚饭。

Duìhuà 对话 Dialogs

①

Hā lì: Táng lǎoshī, wǒ de yí ge Zhōngguó péngyou qǐng wǒ qù tā jiā
哈 利：唐 老师，我 的 一 个 中国 朋友 请 我 去 他家
      chī wǎnfàn.
      吃 晚饭。

Táng Huá: Ò, zhè shì hǎo shìr a.
唐 华：哦，这 是 好 事儿 啊。

Hā lì: Kàndào tā de bàba māma, wǒ gāi zěnme jiào?
哈 利：看到 他 的 爸爸 妈妈，我 该 怎么 叫？

第三十二课 带一束花儿去

唐 华：你叫他们叔叔、阿姨就行了。

哈 利：我要带些什么礼物呢？

唐 华：你可以带一束花儿去。一瓶酒、一个蛋糕、一袋儿水果也行。

哈 利：水果？正好！刚才我买了很多梨，十块钱三斤，真便宜。

唐 华：梨？不行！不能送梨。

根据对话内容回答问题 Answer questions according to the dialog

(1) 哈利的中国朋友是不是一个人住？
(2) 哈利可以带什么礼物去朋友家？

丽 莎：你在写什么？

芳 子：我把要买的东西写下来。面包、牛奶、酸奶、橙子、丝巾……

丽 莎：丝巾？超市 有 丝巾 卖 吗？
Lì shā: Sījīn? Chāoshì yǒu sījīn mài ma?

芳 子：没有。丝巾 明天 去 南京 路 买。我 上次 请 哥哥
Fāng zǐ: Méiyǒu. Sījīn míngtiān qù Nánjīng Lù mǎi. Wǒ shàngcì qǐng gēge

带 回去 的 那 条 丝巾，妈妈 很 喜欢。她 让 我 再
dài huíqu de nèi tiáo sījīn, māma hěn xǐhuan. Tā ràng wǒ zài

买 一些，她 说 要 送 给 朋友。
mǎi yìxiē, tā shuō yào sòng gěi péngyou.

根据对话内容回答问题　Answer questions according to the dialog

（1）芳子在做什么？

（2）芳子为什么要买丝巾？

Liànxí 练习　Exercises

1. 语音　Phonetic practice

(1) 轻声　syllables without tones

　　叔叔　朋友　喜欢

(2) 声调　The tones

　　ヽ ー：一些　四斤　送花　面包
　　ー ノ：家人　阿姨　吃梨　丝绸

(3) 音变　Phonetic changes

　　yí shù huār　　yì jīn lí　　yì tiáo sījīn　　yìxiē lǐwù
　　一束 花儿　　一斤 梨　　一条 丝巾　　一些 礼物

第三十二课 带一束花儿去

búhuì	búguò	bùnéng	bùxíng	hǎobuhǎo
不会	不过	不能	不行	好不好

(4) 断句　Pause

我的 / 一个中国朋友 / 请我 / 去他家 / 吃晚饭。

你叫他们 / 叔叔、阿姨 / 就行了。

我上次 / 请哥哥 / 带回去的 / 那条丝巾，妈妈 / 很喜欢。

2. 模仿造句　Imitation

(1) 梨十块钱三斤。

　　橙子五块二一斤。

　　牛肉多少钱一斤？

　　_____

(2) 我正好买了很多水果，可以送给他。

　　我到教室的时候正好八点钟。

　　他来的时候，我正要给他打电话。

　　_____

(3) 妈妈让我再买一些丝巾。

　　唐老师让哈利送水果给朋友。

　　爸爸让我回国工作。

　　_____

3. 完成对话　Complete the following dialogs

(1) 李　阳：哈利，请进。这是我的爸爸、妈妈。

哈　利：_____。

李　阳：爸爸妈妈，这是我的朋友哈利。

爸　爸：你好，哈利。快请坐。

哈　利：这是_____。

爸　爸：_____。到我家来，不用带礼物。

(2) A：这种水果用汉语怎么说？

　　B：苹果(píngguǒ, apple)。

　　A：_____？

　　B：十块钱两斤。你要多少？

　　A：我买两个行不行？

　　B：_____。

(3) A：丽莎，刚才唐老师找你。

　　B：是吗？_____？

　　A：他_____。（让）

　　B：好，我现在就去。

4. 回答问题　Answer the following questions

(1) 你有没有去过中国朋友的家？

(2) 在你们国家，你是不是常去朋友家吃饭？

(3) 去朋友家吃饭要不要带礼物？

5. 活动　Activities

(1) 互问互答。　Ask and answer each other.

在你们国家，到朋友家应该送什么礼物？不可以送什么礼物？

第三十二课 带一束花儿去

(2) 把刚才听到的话说给大家听。

Make a speech with the answer what you just heard.

在他们国家……

(3) 调查。 Find out.

为什么在中国不能送梨?

第三十三课 Dì-sānshísān kè

我 去过 西安 Wǒ qùguo Xī'ān

热身 Rèshēn Warming up activities

1 读短语 Read phrases

出去旅游　　在路上走走　　尝尝这些菜

2 比一比，猜一猜 Guess the meaning of new words by reviewing known ones.

前天　　昨天　　今天　　明天　　后天
前年　　去年　　今年　　明年　　后年

3 回答问题 Answer questions

(1) 你来中国多长时间了？
(2) 你是什么时候来的？
(3) 你打算什么时候回国？
(4) 你回国以前，有没有在中国旅游的打算？

第三十三课　我去过西安

Shēngcí 生词　New words

1.	古老	gǔlǎo	形	ancient	오래되다	古い
2.	城市	chéngshì	名	city	도시	都市
3.	首都	shǒudū	名	capital	수도	首都
4.	过	guo	助	[used after a verb to indicate a past action or state which doesn't continue]	-을 했었다	~だった(ことがある)
5.	去年	qùnián	名	last year	작년	去年
6.	得	de	助	[used after a verb or an adjective to introduce a complement of result or degree]	-○하는 정도가	動詞結果補語を表す
7.	没错	méi cuò		You're right.	틀림없다 분명하다	間違いない
8.	随便	suíbiàn	动形	random; with no limitation	자유롭다,제 멋대로 하다	気楽に
9.	对	duì	介	to, towards	-에 대해 -에 관해	対して
10.	感	gǎn	动	to fell	느끼다	~感じる
11.	兴趣	xìngqù	名	interest	취미,재미	興味
12.	景点	jǐngdiǎn	名	scenic spot	경치,풍경	観光スポット
13.	小吃	xiǎochī	名	snack	스낵,간단한 음식	お菓子

14.	文化	wénhuà	名	culture	문화	文化	
15.	了解	liǎojiě	动	know; understand	(자세하게) 잘 알다	了解	
16.	外地	wàidì	名	other place	외지, 타향	よその土地	
17.	那	nà	连	then	그러면	そして	
18.	够	gòu	动	enough	충분하다	足りる	
19.	西安	Xī'ān		Xi'an [name of a city]	서안 (도시)	西安	
20.	兵马俑	bīngmǎyǒng		Terracotta Warriors	병마용	兵馬俑	

1. Xī'ān shì ge gǔlǎo de chéngshì.
   西安是个古老的城市。

2. Xī'ān yǐqián shì Zhōngguó de shǒudū.
   西安以前是中国的首都。

3. Xī'ān zuòguo Zhōngguó de shǒudū.
   西安做过中国的首都。

Táng Huá: Jīntiān shàng kè wǒmen xiān kàn yìxiē zhàopiàn, shì jièshào
唐 华：今天 上 课 我们 先 看 一些 照片，是介绍

　　　　Xī'ān de.
　　　　西安 的。

第三十三课 我去过西安

金大永：西安！去年我去过。我在那儿玩儿得很高兴。

唐 华：其他同学呢？知道西安吗？

黄佳佳：我知道西安是一个很古老的城市，以前是中国的首都。那儿的兵马俑很有名。

金大永：没错，我去看过，不过，我更喜欢在路上、街上随便走走、看看。我对西安人的生活习惯更感兴趣。

唐 华：你们都说对了。我们出去旅游，不但要看有名的景点，还要尝尝路边的小吃，了解那儿的文化和习惯。

金大永：我喜欢西安人，他们对外地人、外国人都很热情。

黄佳佳：在西安旅游，要多长时间？

Táng Huá: Rúguǒ nǐ zhǐ cānguān jǐngdiǎn, sān tiān jiù gòu le; Rúguǒ nǐ
唐   华：如果 你 只 参观 景点，三 天 就 够 了；如果 你

xiǎng liǎojiě Xī'ānrén de shēnghuó, nà yí ge yuè dōu bú gòu.
想 了解 西安人 的 生活，那 一 个 月 都 不 够。

根据对话内容回答问题 Answer questions according to the dialog

(1) 金大永为什么喜欢西安？
(2) 西安是不是中国的首都？

1. 语音   Phonetic practice

(1) 声调   The tones

　ˊ ˉ：时间　其他　平安　随身
　ˇ ˊ：旅游　每年　有名　以前
　ˇ ˇ：景点　了解　古老　你想了解

(2) 韵母   The finals

　u ：古老　首都　路边　如果
　uei：回去　随便　说对了　对人热情

(3) 轻音/重音   Accentual and unaccentual words

在动词后面表示经验的"过"读轻声。

"过" has no tone when it expresses experience after a verb.

我去过西安。
我们喝过这种啤酒。
我学过一点儿汉语。

第三十三课　我去过西安

(4) 多音字　Polyphone

西安是一个古都。

我们都喜欢兵马俑。

2. 模仿造句　Imitation

(1) 去年我去过西安。

今年我去过两次博物馆。

这种水果我只吃过一次，不知道它叫什么。

_____

(2) 我没吃过这个菜。

来中国以后我没打过篮球。

来中国以前我没学过汉语。

_____

(3) 他们对外地人都很热情。

唐老师对每个学生都很了解。

对好朋友不用客气。

_____

(4) 我在西安玩儿得很高兴。

他说汉语说得很好。

他画画儿画得很好看。

_____

3. 完成对话　Complete the following dialogs

(1) A：您要买什么？

B：我还没打算买，只是看看。

A：您_____。（随便）

(2) A：听说李东老师是很热情的人，是不是？

B：李老师？我认识他，可是_____。（了解）

A：你能见到他吗？

B：他不常来学校，我只_____。（V.＋过）

(3) A：你去过几次博物馆？

B：我_____。你呢？

A：去年去过_____，今年没去过。（次）

(4) A：放假我们去西安好不好？

B：不行，只有三天假，_____。（够）

A：如果_____呢？

B：坐飞机比较贵，我们的钱不够。

4. 回答问题　Answer the following questions

(1) 你去过中国的什么地方？

(2) 来中国以前，你去过哪几个国家？

(3) 旅游的时候，你会不会尝尝那个地方的菜和小吃？

5. 活动　Activities

(1) 看地图，西安在哪儿？　Find Xi'an on the map.

(2) 介绍你们国家的首都。　Introduce the capital of your country.

第三十三课　我去过西安

(3) 小组讨论。　Discuss in groups.
旅游的时候，你想去有名的景点还是在小街上走走？为什么？

(4) 说话。　Talk about your opinion.
唐老师说，到一个地方旅游，"不但要看有名的景点，还要尝尝路边的小吃，了解那儿的文化和习惯"。你觉得对吗？为什么？

第三十四课
Dì-sānshísì kè

山上的风景美极了
Shān shang de fēngjǐng měijí le

Rèshēn 热身 Warming up activities

互问互答 Ask and answer each other

(1) 你家在小城市还是大城市?

(2) 喜欢城市里的生活吗?为什么?

(3) 如果去旅游,你打算去哪儿?大城市、小城市还是风景区(fēngjǐngqū, scenic spot)?并统计人数(count the number of students)。

   A. 大城市 _____

   B. 小城市 _____

   C. 风景区 _____

   D. 其他 _____

第三十四课　山上的风景美极了

Shēngcí 生词　New words

1.	山	shān	名	mountain	산	山
2.	顶	dǐng	名	top	정상	トップ
3.	风景	fēngjǐng	名	scenery	풍경,경치	風景
4.	座	zuò	量	[measure word for mountains or buildings]	동,좌,기	台
5.	高	gāo	形	high	높다	高い
6.	米	mǐ	量	meter	미터	メートル
7.	爬	pá	动	climb	기다,오르다	登る
8.	半天	bàntiān	名	quite a while, quite a long time	반나절	長い間
9.	极	jí	副	[an adverb used after adjective indicating the highest degree]	굉장히	とても~ ~過ぎる
10.	美	měi	形	beautiful	아름답다 아름다움	美しい 美しさ
11.	一样	yíyàng	形	same	같다	同じ
12.	不但⋯而且	búdàn... érqiě		not only⋯, but also	-이할 뿐만 아니라 - 하다	~だけではなく、~
13.	腿	tuǐ	名	leg	다리	足
14.	酸	suān	形	ache, tingle	시다	だるい
15.	疼	téng	形	hurt, pain	아프다	痛い

231

16.	电视	diànshì	名	television	TV	TVテレビ
17.	海	hǎi	名	sea, ocean	바다	海
18.	黄山	Huáng Shān		[name of a mountain]	황산(산)	黄山
19.	迎客松	Yíngkèsōng		[name of a famous pine on Huang Shan]	영객송(소나무 이름)	迎客松

Jùzi 句子 Sentences

1. Wǒ zuò zài shān dǐng kàn fēngjǐng.
   我坐在山顶看风景。

2. Wǒ wàngle xià shān de shíjiān.
   我忘了下山的时间。

3. Wǒ zuò zài shān dǐng kàn fēngjǐng, kàn de wàngle xià shān de shíjiān.
   我坐在山顶看风景，看得忘了下山的时间。

Duìhuà 对话 Dialogs

Fāng zǐ: Zhèixiē zhàopiàn shì zài shénme dìfang zhào de?
芳　子：这些　照片　是　在　什么　地方　照　的？

Lǐ Yáng: Zhè shì zài Huáng Shān shang zhào de. Nǐ kàn, zhè shì shān shang
李　阳：这　是　在　黄　山　上　照　的。你　看，这　是　山上

yǒumíng de Yíngkèsōng.
有名　的　迎客松。

第三十四课　山上的风景美极了

芳子：这座山有多高？

李阳：大概1800多米。我爬了半天才爬上去，累极了。

丽莎：我和你一样，喜欢在山上坐着，什么也不做，什么也不想，真舒服。

芳子：可是爬山太累了，不但上去的时候累，而且下来以后腿又酸又疼。

李阳：我看电视上介绍日本人很喜欢登山。

芳子：没错。很多日本人喜欢登山。我爸爸就常去。每次爸爸叫我一起登山，我都不想去。我更喜欢大海。

根据对话内容回答问题 Answer questions according to the dialog

(1) 黄山的风景怎么样？

(2) 李阳爬黄山爬了多长时间？

(3) 芳子为什么不喜欢爬山？

1. 语音　Phonetic practice

(1) 声母　The initials

z c s：松树　每次　坐着　腿酸　有意思

zh ch sh：爬山　时间　电视　照相　常去

(2) 韵母　The finals

en：很多　真舒服　什么　文化

eng：风景　城市　酸疼　登山　更喜欢

(3) 轻音 / 重音　Accentual and unaccentual words

* "极了"表示程度高，要重读。

　"极了" expresses a high degree with a stressed tone.

　美极了　疼极了　舒服极了　有意思极了

* 在"什么也不 / 没"句式中，"什么"不表疑问而是遍指，要重读。

　"什么" should be stressed in sentences below which means "anything".

　什么也不想，什么也不做。

　我什么也不知道。

　今天早上我什么也没吃。

* 在"是……的"句式中，表示时间、处所、方式的词语要重读。

　Words indicating time, location and method in the construction "是……的" should be stressed.

　这些照片是在黄山照的。

　我是在北京认识他的。

　我是一个人来的。

　哥哥是昨天回国的。

第三十四课　山上的风景美极了

2. 模仿造句　Imitation

(1) 这些照片是在黄山照的。
这些书都是在北京买的。
这些衣服是在哪儿买的？

_____

(2) 黄山有多高？
北京离上海有多远？
这个箱子有多重？

_____

(3) 不但上山的时候累，下来以后也很累。
我不但去过西安，而且去过很多次。
他不但会说汉语，而且说得很好。

_____

3. 完成对话　Complete the following dialogs

(1) A：你_____？（多……）
　　B：一米七一。
　　A：是吗？_____。（和……一样）

(2) A：很长时间没看见你，去哪儿了？
　　B：我去西安了，_____。（是……的）
　　A：你们去西安玩儿得怎么样？
　　B：_____。（得）
　　A：去看兵马俑了没有？

B：看了。_____。　（和……一样/不一样）

(3) A：到山顶还有多远？

　　　B：大概_____。

　　　A：我累了。

　　　B：_____。

4. 回答问题　Answer the following questions

(1) 旅游的时候你看不看导游书？

(2) 你爬过的最高的山是哪座山？有多高？

(3) 你喜欢看风景还是看城市？

5. 活动　Activities

(1) 介绍你们国家的一座山。　Introduce a mountain in your country.

这座山在哪儿？这座山多高？这座山上的风景怎么样？

(2) 调查。　Find out.

为什么"上海"叫"上海"？

中国最有名的山是哪几座？

Dì-sānshíwǔ kè
第三十五课

Tīng de qīngchu jiù xíng le
听 得 清 楚 就 行 了

Rèshēn 热身 — Warming up activities

1 读读这些名字 Read these names

| ChéngLóng | Liú Déhuá | Lǐ Liánjié | Zhāng Zǐyí | Zhōu Jiélún |
| 成 龙 | 刘 德 华 | 李 连 杰 | 章 子 怡 | 周 杰 伦 |

2 回答问题 Answer questions

(1) 你知道上面这些人是谁吗?
(2) 你最喜欢哪一个? 你有没有他/她的照片?
(3) 如果他到你的家乡 (jiāxiāng, hometown) 去, 你会去机场欢迎他吗?

Shēngcí 生词 — New words

1. 晚　　wǎn　　形　　late　　늦다　　おそい
2. 买不到　mǎi bu dào　　　cannot buy　살 수 없다　（物が無くて）買えない

#	汉字	拼音	词性	English	한국어	日本語
3.	演唱会	yǎnchànghuì	名	vocal concert	콘서트	コンサート
4.	体育馆	tǐyùguǎn	名	gymnasium	체육관	体育館
5.	开会	kāi huì	动	hold a party, a concert, etc.	-을 열다	~が行われる
6.	电影	diànyǐng	名	movie	기회	映画
7.	唱	chàng	动	sing	영화	歌う
8.	歌	gē	名	song	(노래를)부르다	歌
9.	好听	hǎotīng	形	pleasant to hear	노래	耳に心地よい
10.	赶快	gǎnkuài	副	be quick	듣기 좋다	速く
11.	辆	liàng	量	[measure for automobile or bicycle]	빨리, 얼른	台
12.	开车	kāi chē	动	drive a vehicle	대	運転
13.	动	dòng	动	move	운전하다	動く
14.	开不动	kāi bu dòng		drive but cannot move ahead when driving	움직이다	動かない
15.	精彩	jīngcǎi	形	(of performance, speech, etc.) wonderful	운전할 수 없다	素晴らしい
16.	表演	biǎoyǎn	动	perform	연기하다 연기	演じる
17.	排	pái	量	row, line	줄	列
18.	清楚	qīngchu	形	clear	분명하다	はっきり
19.	玛丽亚	Mǎlìyà		Maria [name of a person]	마리아(이름)	マリア

第三十五课 听得清楚就行了

Jùzi 句子 Sentences

1. Qùwǎn le jiù mǎi bu dào piào le.
   去晚了就买不到票了。

2. Rúguǒ qùwǎn le jiù mǎi bu dào piào le.
   如果去晚了就买不到票了。

3. Rúguǒ qùwǎn le wǒ jiù mǎi bu dào piào le.
   如果去晚了我就买不到票了。

4. Rúguǒ qùwǎn le wǒ jiù mǎi bu dào yǎnchànghuì de piào le.
   如果去晚了我就买不到演唱会的票了。

Duìhuà 对话 Dialogs

1

Fāng zǐ: Xià kè le, yìqǐ qù hē bēi yǐnliào ba.
芳 子：下课了，一起去喝杯饮料吧。

Lì shā: Bù le. Wǒ děi qù tǐyùguǎn mǎi piào. Nǐ zhīdào ma? Mǎlìyà yào
丽 莎：不了。我得去体育馆买票。你知道吗？玛丽亚要
         lái zhèr kāi yǎnchànghuì le.
         来这儿开演唱会了。

Fāng zǐ: Yǎnchànghuì? Wǒ kànguo tā de diànyǐng, méi tīngguo tā chàng gē.
芳 子：演唱会？我看过她的电影，没听过她唱歌。

Lì shā: Tā de gē hěn hǎotīng. Nǐ tīngle jiù zhīdào le. Āiyā, wǒ děi
丽 莎：她的歌很好听。你听了就知道了。哎呀，我得
         gǎnkuài zǒu, qùwǎn le jiù mǎi bu dào piào le.
         赶快走，去晚了就买不到票了。

根据对话内容回答问题 Answer questions according to the dialog

(1) 玛丽亚是什么人？她来上海做什么？
(2) 丽莎要去做什么？

2...

芳　子：你回来了？已经十二点了，演唱会这么长吗？

丽　莎：不是，演唱会早就开完了，可是，体育馆外面人太多了，找不到出租车。我等了半个多小时才等到一辆车。可是路上很堵，车开不动。

芳　子：演唱会怎么样？

丽　莎：精彩极了！玛丽亚的表演太好了。

芳　子：你坐在第30排，看得清楚吗？

丽　莎：看不清楚没关系，只要听得清楚就行了。

根据对话内容回答问题 Answer questions according to the dialog

(1) 丽莎为什么回来晚了？
(2) 演唱会怎么样？
(3) 丽莎坐在哪儿？她听得清楚吗？

第三十五课 听得清楚就行了

1. 语音 Phonetic practice

(1) 韵母 The finals
uan：没关系　　体育馆　　去晚了　　酸疼
ing：电影　　　精彩　　　清楚　　　听歌
iang：一样　　　箱子　　　怎么样　　一辆车

(3) 轻音/重音 Accentual and unaccentual words
＊动补结构中的"得、不"读轻声。
"得、不" have no tones in the phrases below.
买得到　　买不到　　走得动　　去不动　　看得清楚　　看不清楚

＊下列句子中的"就"轻读。"就" sounds weak in the sentences below.
只要听得清楚就行了。
只要不下雨，我们就去花园。
只要早点儿去，就买得到票。

2. 模仿造句 Imitation

(1) 去晚了就买不到了。
对不起，我来晚了。
我来晚了，他已经走了。

(2) 在我们那儿吃不到印尼菜。
我找不到唐老师。
新年的时候，买不到飞机票。

(3) 路上很堵，车开不动。

我腿酸，走不动了。

这个包太重了，我拿不动。

_____

3. 完成对话　Complete the following dialogs

(1) A：黄山上的风景怎么样？

B：风景_____。（极了）

A：你是自己爬上去的吗？

B：是啊。山太高，爬了一半，我已经_____了。（……不动）

(2) A：电影票买到了没有？

B：买到了，不过_____。（排）

A：没关系，_____。（只要……就……）

(3) A：你_____唱中国歌？（会）

B：我学过，可是_____。哈利不但会唱，_____。（而且）

A：是吗？我没听过。

B：_____。（让）

4. 回答问题　Answer the following questions

(1) 你常常听演唱会吗？

(2) 你最喜欢的电影演员（yǎnyuán, actor; actress）是谁？他演过什么电影？

第三十五课　听得清楚就行了

5. 活动　Activities

(1) 猜词语。　Guess the meaning of the words below.
歌星　影星　体育场　国歌

(2) 调查。　Find out the answer to about the questions below.
最近中国有什么新电影？是谁演的？

(3) 唱中国歌比赛。　Hold a competition of singing Chinese songs.

(4) 说说刚才唱歌的同学唱得怎么样。可以用下面的词语。
Comment your classmate's singing. You may use the words below.
热情　精彩　好听　快　听不清楚

第三十六课
Dì-sānshíliù kè

谁 赢 了？
Shéi yíng le?

1 回答问题　Answer questions

(1) 来中国以前，你吃过中国菜没有？
(2) 在你们国家的中国菜和在这儿的菜一样不一样？

2 读短文　Read the paragraph

芳子喜欢中国菜。来上海以后，每天都在食堂或者餐厅吃饭。现在她有麻烦了：在家的时候，她穿小号的衣服，现在她得穿中号了。

3 如果你是芳子，你怎么办？What would you do if you were Fangzi?

第三十六课 谁赢了？

Shēngcí 生词 New words

1.	比	bǐ	动、介	have a match; compare; than	비교하다; -보다	~比べる
2.	裤子	kùzi	名	pants, trousers	바지	ズボン
3.	好像	hǎoxiàng	副	seem	-와 같다, 비슷하다	まるで~ようだ
4.	胖	pàng	形	fat	뚱뚱하다	太っている
5.	该…了	gāi…le		It's time for/to…	-해야 할 때이다	~の番になる
6.	跑步	pǎo bù	动	run	구보를 하다	走る
7.	总是	zǒngshì	副	always	항상	いつも
8.	游泳	yóu yǒng	动	swim	수영하다	水泳
9.	足球	zúqiú	名	football	축구	サッカー
10.	踢	tī	动	kick, play	차다	蹴る
11.	场	chǎng	量	[measure word for match, show, etc.]	편, 차례, 경기	芝居やスポーツの上演回数を数える単位
12.	别人	biéren	代	other people	다른 사람	他の人
13.	乒乓球	pīngpāngqiú	名	Ping Pong	탁구	卓球
14.	刚(刚)	gāng(gāng)	副	only a short time ago, just now	막, 방금	~たばかり
15.	比赛	bǐsài	名、动	match, competition; have a competition	경기 시합하다	試合

16.	赢	yíng	动	win	이기다	勝つ
17.	教	jiāo	动	teach	가르치다	教える

  Jùzi 句子 Sentences

1. Tā bǐ wǒ hǎo.
   他比我好。

2. Tā dǎ de bǐ wǒ hǎo.
   他打得比我好。

3. Tā dǎ lánqiú dǎ de bǐ wǒ hǎo.
   他打篮球打得比我好。

  Duìhuà 对话 Dialogs

1...

丽 莎：Nǐ zhèi tiáo kùzi hǎoxiàng xiǎole yìdiǎnr.
丽 莎：你这条裤子好像小了一点儿。

芳 子：Bú shì kùzi xiǎo le, shì wǒ bǐ yǐqián pàng le. Lái Zhōngguó
芳 子：不是裤子小了，是我比以前胖了。来中国

yǐhòu, chī de tài duō.
以后，吃得太多。

丽 莎：Gāi yùndòng yùndòng le. Zǒu, pǎo bù qù.
丽 莎：该运动运动了。走，跑步去。

芳 子：Tiān zhème rè, wǒ bù xiǎng pǎo bù.
芳 子：天这么热，我不想跑步。

第三十六课　谁赢了？

丽　莎：Nà, wǒmen qù yóuyǒng. Bié zǒngshì zuòzhe bú dòng. Zǒu ba.
丽　莎：那，我们去游泳。别总是坐着不动。走吧。

根据对话内容回答问题 Answer questions according to the dialog

(1) 为什么芳子的裤子小了？
(2) 芳子喜欢不喜欢跑步？

2．．

哈　利：Hěn cháng shíjiān méi tī zúqiú le. Xiàwǔ wǒmen tī yì chǎng zěnmeyàng?
哈　利：很长时间没踢足球了。下午我们踢一场怎么样？

李　阳：Jīntiān bù xíng, wǒ gēn biéren shuōhǎole xiàwǔ dǎ pīngpāngqiú.
李　阳：今天不行，我跟别人说好了下午打乒乓球。

丽　莎：Nǐ huì dǎ pīngpāngqiú?
丽　莎：你会打乒乓球？

李　阳：Huì yìdiǎnr.
李　阳：会一点儿。

哈　利：Huì yìdiǎnr? Shàng ge xīngqī wǒ gāng gēn tā bǐguo. Tā dǎ de hǎojíle, yíngle wǒ hěn duō ge qiú.
哈　利：会一点儿？上个星期我刚跟他比过。他打得好极了，赢了我很多个球。

李　阳：Wǒ dǎ pīngpāng dǎ de bǐ nǐ hǎo, nǐ dǎ lánqiú dǎ de bǐ wǒ hǎo. Wǒmen dōu yíng le.
李　阳：我打乒乓打得比你好，你打篮球打得比我好。我们都赢了。

风光汉语 初级口语 I

<pre>
Lì   shā：Lǐ Yáng, yǒu kòngr nǐ jiāo wǒ dǎ pīngpāngqiú ba.
丽   莎：李 阳， 有 空儿 你 教 我 打 乒乓球   吧。
</pre>

根据对话内容回答问题 Answer questions according to the dialog

(1) 李阳打乒乓球打得怎么样？

(2) 李阳和哈利什么时候比过？

Liànxí 练习   Exercises

1. 语音   Phonetic practice

(1) 送气声母   Aspirated initials

    p：跑步　　胖了　　乒乓　　平安

    k：开始　　裤子　　赶快　　有空儿

    t：踢球　　体育馆　腿酸　　好听

(2) 语气语调   Intonation

句末语调上升，表示惊讶、不信、反驳。 Rising tones at the end of a sentence could show the feeling of surprise, unbelieving or retrot.

你会打乒乓球？↗

会一点儿？↗

(3) 轻音/重音   Accentual and unaccentual words

＊轻声：裤子　坐着　这么　赢了　走吧

＊"总是"的"是"轻读。"是" sounds weak in the word "总是".

    不能总是坐着。

    放假的时候他总是去爬山。

(4) 断句　Pause

　　李阳打乒乓球 / 打得 / 比我好。

　　我跟别人 / 说好了 / 下午 / 打乒乓球。

　　有空儿 / 你教我 / 打乒乓球吧。

2. **模仿造句**　Imitation

(1) 这条裤子好像小了一点儿。

　　那位老师好像姓李。

　　这个字我们好像学过，可是我忘了它的意思。

_____

(2) 该运动运动了。

　　八点了，该上课了。

　　他们都说过了，现在该你说了。

_____

(3) 他打篮球打得好极了。

　　妈妈做菜做得很辣。

　　你穿衣服穿得有点儿少。

_____

(4) 李阳打球打得比我好。

　　哈利起床起得比我早。

　　芳子唱歌唱得比我好听。

_____

3. 完成对话 Complete the following dialogs

(1) A：大永，我们打球去吧。

　　B：对不起，今天我没空儿。你_____。（别人）

　　A：哈利呢？

　　B：他也没空儿。我们_____今天下午一起学习。（说好）

(2) A：两个月没见，你_____。（好像）

　　B：是吗？上个月我去海边玩儿了，_____。（刚刚）

　　A：海边有意思吧？

　　B：对，我玩得_____。不过现在_____。

　　A：是啊，放完假了。_____。（该……了）

(3) A：昨天晚上的足球比赛你看没看？

　　B：我没看。是谁跟谁比？

　　A：_____。

　　B：比赛怎么样？

　　A：_____。

　　B：谁赢了？

　　A：_____，比分（bǐfēn, score）是3比2。

4. 回答问题 Answer the following questions

(1) 你会不会打乒乓球？
(2) 你常常做什么运动？
(3) 你每天运动多长时间？

第三十六课　谁赢了？

5. 活动　Activities

(1) 说话。　Make a speech.

你们国家的人最喜欢哪种运动？

(2) 说话。　Make a speech.

这个月有没有比赛？是什么运动？谁跟谁比？结果（jiéguǒ, result）怎么样？

(3) 请调查你身边的 10 个外国学生和 10 个中国学生。

Survey ten foreign students and ten Chinese students randomly about their choices in the form below and write down the numbers of each group.

	外国学生（人数）	中国学生（人数）
不运动		
一个星期运动一次		
一个星期运动两次		
每天运动一个小时		
每天运动两个小时（以上）		

Dì-sānshíqī kè
第三十七课

Kǎoshì nánbunán?
考试 难不难？

Rèshēn 热身 — Warming up activities

1 看表格 Read the form

芳子的学习时间

安排	上课	自己看书	和中国人聊天儿	看中国电影电视
时间	4个小时	1个半小时	1个小时	40分钟

2 填表格 Fill out the form

我的学习时间

安排	上课	自己看书	和中国人聊天儿	看中国电影电视
时间				

3 回答问题 Answer questions

(1) 你觉得现在自己的汉语怎么样？
(2) 现在你听得懂中国人说话吗？

第三十七课 考试难不难？

1. 过	guò	动	pass	-을 했다 (과거)	~過去形を表す
2. 考试	kǎoshì	名、动	test, exam; have a test	시험; 시험을 치다	テスト
3. 难	nán	形	difficult	어렵다	難しい
4. 认真	rènzhēn	形	conscientiously	진담으로 여기다, 성실하다	真面目
5. 复习	fùxí	动	to review	복습하다	復習
6. 天啊	tiān a		My God!	세상에!	あら
7. 话	huà	名	words, conversation, speech	말	話
8. 慢	màn	形	slow(ly)	느리다	遅い
9. 最近	zuìjìn	名	recently, lately	최근,요즈음	最近
10. 进步	jìnbù	动、形	progress; make progress	진보; 진보하다	進步
11. 大家	dàjiā	代	people	여러분	皆さん
12. 办法	bànfǎ	名	method	방법	方法
13. 努力	nǔlì	形	try hard, make every effort	열심히 하다, 노력하다	努力
14. 容易	róngyì	形	easy	쉽다	易しい
15. 多	duō	副	do it for more times [used before a verb]	많다	多く
16. 读	dú	动	read	읽다	読む

253

Jùzi 句子 Sentences

1. Liǎng ge xīngqī yǐhòu, wǒmen fàng jià.
   两个星期以后，我们放假。

2. Wǒmen hěn kuài jiù fàng jià le.
   我们很快就放假了。

3. Zài guò liǎng ge xīngqī wǒmen jiù fàng jià le.
   再过两个星期我们就放假了。

Duìhuà 对话 Dialogs

Hā lì: Shíjiān guò de zhēn kuài, zài guò liǎng ge xīngqī wǒmen jiù fàng jià le.
哈 利：时间过得真快，再过两个星期我们就放假了。

Fāng zǐ: Kěshì fàng jià yǐqián děi xiān kǎo shì! Lǎoshī, zhèi cì kǎoshì nánbunán?
芳 子：可是放假以前得先考试！老师，这次考试难不难？

Táng Huá: Bù nán. Zhǐyào rènzhēn fùxí, jiù dōu néng kǎohǎo.
唐 华：不难。只要认真复习，就都能考好。

Fāng zǐ: Kǎo něi jǐ kè ne?
芳 子：考哪几课呢？

Táng Huá: Cóng dì-èrshí kè dào dì-sìshí kè.
唐 华：从第二十课到第四十课。

第三十七课 考试难不难？

芳　子：二十课到四十课都要考？天啊！没时间睡觉了。

唐　华：你们觉得现在自己学得怎么样了？

芳　子：还不行。老师说得又慢又清楚，我听得懂。可是学校外边儿的中国人说话，我就听不懂了。

哈　利：我比你更累。你们日本人都会写汉字，可我得从"一二三四"开始学。

唐　华：哈利最近进步很大。哈利，跟大家说说你有什么好办法。

哈　利：没什么好办法。只是学习，学习，努力学习。

唐　华：同学们，要学好汉语不容易。你们要多听、多读、多写，还要多和中国人聊天儿。只和老师说话是不够的。

Hā   lì： Duì, gēn Lǐ Yáng liáo tiānr duì wǒ de xuéxí yǒu hěn dà de bāngzhù.
哈   利：对，跟李阳聊天儿对我的学习有很大的帮助。

根据对话内容回答问题 Answer questions according to the dialog

(1) 他们要考多少课？

(2) 为什么哈利觉得他比芳子累？

(3) 唐老师的好办法是什么？

1. 语音　Phonetic practice

(1) 声母　The initials

j： 最近　进步　大家

x： 哪些　学习　写字

f： 办法　麻烦　复习

r： 容易　认真　日本人

n： 努力　不能　很难

(2) 断句　Pause

再过两个星期 / 我们 / 就 / 放假了。

跟大家说说 / 你 / 有什么 / 好办法。

你们觉得 / 现在 / 自己 / 学得 / 怎么样了？

2. 模仿造句　Imitation

(1) 再过两个星期我就可以回家了。

　　再过三天就到新年了。

再过 20 分钟电影就开始了。

_____

(2) 我没有什么好办法。
我没有什么漂亮衣服。
他没带什么礼物来。

_____

(3) 只和老师说话是不够的。
只写 100 个字是不够的。
每天只运动 10 分钟是不够的。

_____

3. 完成对话　Complete the following dialogs

(1) A：你_____？

B：学了半年了。

A：学得怎么样？

B：_____。

(2) A：你的汉语_____？

B：我会说不会写。

A：为什么？

B：我是美国华人，在家里_____。

(3) A：老师，您说得太快了，我听不清楚。请_____。

B：好，我再说一次。请大家_____。

A：这次听懂了。

B：下课以后你们要_____今天学的汉字。

(4) A：今天晚上的足球比赛你看不看？

　　B：不行，明天就要考试了，我得_____。

　　A：考试难不难？

　　B：不知道。我_____。（努力）

4. 回答问题　Answer the following questions

(1) 你每天学习多长时间？

(2) 你用什么办法学习？

(3) 你每天复习吗？

5. 活动　Activities

(1) 讨论。Discuss.

芳子说她听不懂"外边儿的中国人说话"。你能不能告诉她一个好办法？

(2) 调查。Make a survery about the following questions.

其他同学每天学多长时间？

他们怎么学习？有什么好办法？

(3) 找10个同学，调查统计他们的学习情况并填表。Survey ten students randomly about their learning and fill out the form.

	听	说	读	写
比较好（人数）				
不太好（人数）				

Dì-sānshíbā kè
第三十八课

Wǒ gǎnmào le
我 感冒 了

Rèshēn 热身 Warming up activities

1 看看你的生活习惯，在下面的项目后面画"√"或"×"。
Check your habit with √ for Yes or × for No.

```
(1) 早睡早起                           _____
(2) 常常运动(每星期三次)                _____
(3) 吃早饭                             _____
(4) 喜欢吃水果                         _____
(5) 不抽烟(chōu yān, to smoke)         _____
(6) 不喝酒                             _____
(7) 每天最少睡6个小时觉                _____
(8) 每天用电脑最多5个小时              _____
```

2 回答问题 Answer questions

(1) 你有没有不舒服？
(2) 你是不是常常觉得很累？
(3) 上课的时候你想睡觉吗？

Shēngcí 生词 — New words

#	汉字	拼音	词性	English	한국어	日本語
1	干净	gānjìng	形	clean	깨끗하다	清潔
2	医院	yīyuàn	名	hospital	병원	病院
3	药	yào	名	medicine	약	薬
4	空调	kōngtiáo	名	air conditioner	에어컨	エアコン
5	坏	huài	形	broken, something wrong with	고장 나다, 나쁘다	壊れた(もの)
6	哎哟	āiyō	叹	Ouch [expressing astonishment, pain or pity]	이런!	ほら
7	不好意思	bù hǎo yìsi		embarrassed	부끄럽다, 난처하다	すみません
8	纸	zhǐ	名	paper	종이	紙
9	纸巾	zhǐjīn	名	tissue, paper towel	휴지, 티슈	ティッシュ
10	病	bìng	名、动	illness; be sick	병; 병 나다	病気
11	感冒	gǎn mào	动	catch a cold	감기	風邪
12	淋	lín	动	(of liquids) to fall on an object	(물에)젖다	浴びる
13	湿	shī	形	wet	축축하다	湿っている
14	医生	yīshēng	名	doctor	의사	医者
15	窗	chuāng	名	window	창문	窓
16	关	guān	动	close	닫다, 끄다	閉める
17	风	fēng	名	wind	바람	風
18	苹果	píngguǒ	名	apple	사과	りんご

第三十八课 我感冒了

Jùzi 句子 Sentences

1. Wǒ dùzi bù shūfu.
   我肚子不舒服。

2. Wǒ chīle bù gānjìng de dōngxi.
   我吃了不干净的东西。

3. Wǒ dùzi bù shūfu shì yīnwèi chīle bù gānjìng de dōngxi.
   我肚子不舒服是因为吃了不干净的东西。

Duìhuà 对话 Dialogs

Huáng Jiājiā: Nǐ dùzi bù shūfu ma? Yàobuyào qù yīyuàn?
黄 佳佳：你肚子不舒服吗？要不要去医院？

Lìshā: Bú yòng. Chī diǎnr yào, xiūxi xiūxi jiù hǎo le.
丽 莎：不用。吃点儿药，休息休息就好了。

Huáng Jiājiā: Nǐ shìbushì chīle bù gānjìng de dōngxi?
黄 佳佳：你是不是吃了不干净的东西？

Lìshā: Kěnéng ba. Yě kěnéng shì yīnwèi tài lěng, wǒmen fángjiān de
丽 莎：可能吧。也可能是因为太冷，我们房间的

kōngtiáo huài le. Āiyō! Bù hǎoyìsi, nǐ yǒuméiyǒu zhǐjīn?
空调坏了。哎哟！不好意思，你有没有纸巾？

Wǒ yòu děi qù xǐshǒujiān le.
我又得去洗手间了。

根据对话内容回答问题 Answer questions according to the dialog

(1) 丽莎怎么了？

(2) 丽莎有没有药？

2...

Fāng zǐ: Tīngshuō nǐ bìng le. Wǒmen lái kànkan nǐ.
芳 子：听说 你病了。我们 来 看看 你。

Jīn Dàyǒng: Xièxie. Wǒ méi shìr, zhǐshì yǒudiǎnr gǎn mào. Qiántiān xià yǔ,
金 大永：谢谢。我 没 事儿，只是 有点儿 感 冒。前天 下 雨，

wǒ línshī le.
我 淋湿 了。

Lǐ Yáng: Qù yīyuàn kànguo le méiyǒu? Yīshēng zěnme shuō?
李 阳：去 医院 看过 了 没有？医生 怎么 说？

Jīn Dàyǒng: Yīshēng shuō méiyǒu dà wèntí, duō hē shuǐ, duō xiūxi jiù méi
金 大永：医生 说 没有 大 问题，多 喝 水、多 休息 就 没

shìr le.
事儿 了。

Fāng zǐ: Bǎ chuāng guānle ba. Wàibianr fēng dà.
芳 子：把 窗 关了 吧。外边儿 风 大。

Lǐ Yáng: Wǒ gěi nǐ dàile diǎnr píngguǒ. Duō chī píngguǒ duì shēntǐ hǎo.
李 阳：我 给 你 带了 点儿 苹果。多 吃 苹果 对 身体 好。

Fāng zǐ: Hǎo le, wǒmen zǒu le. Nǐ xiūxi ba. Shēntǐ hěn kuài jiù huì hǎo de.
芳 子：好 了，我们 走 了。你 休息 吧。身体 很 快 就 会 好 的。

Jīn Dàyǒng: Xièxie nǐmen.
金 大永：谢谢 你们。

第三十八课 我感冒了

根据对话内容回答问题 Answer questions according to the dialog

（1）金大永是怎么感冒的？

（2）朋友们送给金大永什么礼物？

1. 语音 Phonetic practice

(1) 韵母　The finals

　　en：身体　　很快　　问题　　你们
　　eng：可能　　风大　　医生　　太冷

(2) 声调　The tones

　　ˉ ˋ：医院　　干净　　吃药　　风大
　　ˉ ˉ：关窗　　听说　　多吃　　吹风

(3) 音变　Phonetic changes

　　yì zhāng zhǐ　　yí piàn yào　　yì chǎng bìng　　yí shàn chuāng
　　一　张　纸　　　一　片　药　　一　场　病　　　一　扇　窗

　　yí bù kōngtiáo　yì jiā yīyuàn　yí ge píngguǒ　yí ge yīshēng
　　一　部　空调　　一　家　医院　一　个　苹果　　一　个　医生

(4) 语气语调　Intonation

正反疑问句句末语调下降。 Sentences with "A 不 A" form end with falling tones.

你要不要去医院？↘

你是不是吃了不干净的东西？↘

你去没去医院？↘

2. 模仿造句　Imitation

(1) 我只是有点儿感冒。
　　我只是有点儿不舒服。
　　我只是有点儿想家。
　　_____

(2) 身体很快就会好的。
　　这场雨很快就会停的。
　　汽车很快就会来的。
　　_____

(3) 多吃苹果对身体好。
　　总是坐着对身体不好。
　　长时间看电脑对眼睛（yǎngjing, eye）不好。
　　_____

3. 完成对话　Complete the following dialogs

(1) A：你身体不好，_____喝酒。（应该）
　　B：没关系，我的肚子现在不疼了。

(2) A：你有没有头疼药？
　　B：_____。我陪你去医院吧。
　　A：不用去医院。_____。（……就好了）
　　B：那你休息吧。

(3) A：你哪儿疼？
　　B：_____。

第三十八课 我感冒了

A：你自己知道为什么疼吗？

B：_____。

(4) A：外边儿好像很冷。_____衣服。（多）

B：下没下雨？

A：_____，而且风很大。

B：出去的时候别忘了带伞。

4. 回答问题　Answer the following questions

(1) 来中国以后，你病过吗？到中国的医院看过吗？医生听得懂你的话吗？

(2) 你不舒服的时候告诉同学、老师吗？告诉妈妈吗？

5. 活动　Activities

(1) 猜词语。　What do the words below mean?

病人　药店　药瓶　车窗

(2) 讨论。　Discuss.

病了的时候，要不要打电话告诉妈妈？为什么？

(3) 小组讨论并记录。　Discuss in pairs and take notes.

感冒的时候要做什么？不可以做什么？

(4) 向全班报告上一个讨论的结果。　Report the result of the last discussion to the class.

Dì-sānshíjiǔ kè
第三十九课

Qiánbāo diū le
钱包 丢了

Rèshēn 热身 — Warming up activities

1 复习 Review

包 袋 箱 盒

2 猜一猜 Guess what they are

钱包 书包 口袋 裤袋 纸盒 盒饭 旅行箱

3 互问互答 Ask and answer each other

(1) 旅游的时候，你把护照带在身上吗？
(2) 逛街的时候，你把钱和手机放在哪儿？

第三十九课 钱包丢了

生词 Shēngcí / New words

1.	骑	qí	动	to ride	타다	またがる
2.	自行车	zìxíngchē	名	bicycle	자전거	自転車
3.	公园	gōngyuán	名	park	공원	公園
4.	味道	wèidào	名	taste, flavor	맛,냄새	味
5.	一边…一边…	yìbiān...yìbiān...		as, while	－하면서 －하다	～しながら、～
6.	这样	zhèyàng	代	such, so, like this (indicating nature, state, way, degree, etc.)	이렇게, 이래서	そのように
7.	租	zū	动	rent	세내다, 임대하다	レンタル
8.	迷路	mí lù	动	lose one's way	길을 잃다	道に迷う
9.	钱包	qiánbāo	名	wallet, purse	지갑	財布
10.	丢	diū	动	be missing, lose	잃어버리다	なくす
11.	注意	zhù yì	动	pay attention, notice	주의하다	注意
12.	出门	chū mén	动	leave home	외출하다	出かける
13.	大衣	dàyī	名	coat	코트	コート
14.	口袋	kǒudai	名	pocket	주머니	ポケット
15.	办	bàn	动	do	어떡하지	処理
16.	警察	jǐngchá	名	police	경찰	警察

267

Jùzi 句子 Sentences

1. Jiājiā qù mǎi yǐnliào le.
   佳佳去买饮料了。

2. Jiājiā huílai yǐhòu, wǒmen qù qí zìxíngchē.
   佳佳回来以后,我们去骑自行车。

3. Děng Jiājiā mǎi yǐnliào huílai, wǒmen yě qù qí zìxíngchē.
   等佳佳买饮料回来,我们也去骑自行车。

Duìhuà 对话 Dialogs

1.

Lì shā: Zhèi ge gōngyuán zhēn dà, shù duō、huār duō, kōngqì li hái yǒu shuǐguǒ de wèidào, zhēn xiāng a!
丽 莎:这个公园真大,树多、花儿多,空气里还有水果的味道,真香啊!

Lǐ Yáng: Tīngshuō zǎoshang yǒu hěn duō rén dào zhèr lái, yìbiān yùndòng yìbiān kàn fēngjǐng. Zhèyàng de rén shēntǐ yídìng hěn hǎo.
李 阳:听说早上有很多人到这儿来,一边运动一边看风景。这样的人身体一定很好。

Lì shā: Nǐ kàn, nàr yǒu rén qí zìxíngchē. Děng Jiājiā mǎi yǐnliào huílai, wǒmen yě qù zū yí liàng chē qíqi ba.
丽 莎:你看,那儿有人骑自行车。等佳佳买饮料回来,我们也去租一辆车骑骑吧。

Lǐ Yáng: Jiājiā yǐjīng qùle èrshí fēnzhōng le, zěnme hái bù huílai? Tā bú
李 阳:佳佳已经去了20分钟了,怎么还不回来?她不

第三十九课 钱包丢了

huì mí lù le ba?
会 迷 路 了 吧？

Lì shā： Yǒu kěnéng. Wǒ dǎ diànhuà wènwen tā zěnme le.
丽 莎：有 可能。我 打 电话 问问 她怎么了。

根据对话内容回答问题 Answer questions according to the dialog

（1）这个公园怎么样？
（2）人们在公园里做什么？
（3）黄佳佳去做什么了？

2...

Huáng Jiājiā： Lìshā, wǒ de qiánbāo diū le!
黄 佳佳：丽莎，我的 钱包 丢了！

Lì shā： Shénme? Qiánbāo diū le? Shì shénme shíhou diū de?
丽 莎：什么？钱包丢了？是 什么 时候丢的？

Huáng Jiājiā： Méi zhùyì. Chū mén de shíhou, wǒ bǎ qiánbāo fàng zài dàyī
黄 佳佳：没 注意。出 门 的 时候，我 把 钱包 放 在 大衣

kǒudai li, xiànzài méi le. Zhè zěnme bàn a?
口袋里，现在 没了。这 怎么 办啊？

Lì shā： Nǐ xiān bié jí, wǒ qù zhǎo jǐngchá. Nǐ zài jiǎnchá yíxiàr hái
丽 莎：你 先 别急，我去 找 警察。你再 检查 一下儿 还

diūle qítā dōngxi méiyǒu.
丢了其他 东西 没有。

根据对话内容回答问题 Answer questions according to the dialog

（1）黄佳佳丢了什么？是什么时候丢的？
（2）黄佳佳把钱包放在哪儿了？

Liànxí 练习 Exercises

1. 语音　Phonetic practice

(1) 轻音 / 重音　Accentual and unaccentual words

*轻声：味道　丢了　时候　口袋　怎么办

*"这样"的"样"轻读（见"模仿造句"第（1）组）。
"样" sounds weak in the sentences of exercise 2 (1).

(2) 语气语调　Intonation

疑问句中的特指疑问词重读，表示惊讶或感叹。
Stressed interrogative words in interrogative may show surprise or exclamation.
什么？↗
是什么时候丢的？↗

(3) 音变　Phonetic change

这个公园真大啊（ya）！　　味道真香啊（nga）！
怎么办啊（na）？　　　　　你别急啊（ya）！

2. 模仿造句　Imitation

(1) 这样的人身体一定很好。
我喜欢喝龙井这样的绿茶。
认识你这样热情的朋友，我很高兴。

(2) 他们一边运动一边看风景。
她一边洗衣服一边唱歌。

第三十九课 钱包丢了

老师一边说，我们一边写。

_____

(3) 等佳佳回来，我们去骑自行车。

等爸爸回来，我们就吃饭。

等考完试，我就去西安旅游。

_____

3. 完成对话 Complete the following dialogs

(1)（在车上）

小　李：现在几点了？

小　林：哎呀！我的手表(shǒubiǎo, watch)不见了！

小　李：你把它_____？

小　林：可能是_____宾馆的房间里了。（忘）

小　李：那快回去找找。

(2)（在宾馆的房间）

小　林：你们看见一块手表没有？

服务员：我_____看见床上有一块手表。（刚才）

小　林：对，那是我的。表呢？

服务员：我把它送到一楼服务台了。_____。（取）

小　林：谢谢你。

服务员：_____。

(3) A：请问，体育馆怎么走？

B：对不起，我也不知道。_____。（别人）

A：对不起，我迷路了。你_____？

C：体育馆离这儿有点儿远，你还是_____吧。

A：那我该坐什么车？

C：_____。

(4) A：昨天我_____打电话，你怎么不接？

B：我的手机丢了。

A：什么时候_____？丢在哪儿了？

B：前天我坐出租车的时候，_____。

A：有出租车的发票吗？可以_____ ____出租车公司（gōngsī, company）帮你找。

4. 回答问题　Answer the following questions

(1) 你在中国丢过东西没有？丢了什么？是在哪儿丢的？找到了没有？

(2) 旅游的时候你自己看地图吗？你迷过路吗？

5. 活动　Activities

(1) 说话：我迷路了。

Talk a speech about your experience of losing your way.

什么时候？在什么地方？怎么找到路的？

(2) 分角色对话。

A：警察

B：丢了东西的人

Make up a dialog between a police and one who lost his belonging.

Dì-sìshí kè
第四十课

Dōngtiān qù zuì hǎo
冬天 去 最好

Rèshēn 热身 — Warming up activities

1 复习　Review

东	南	西	北
东边儿	南边儿	西边儿	北边儿

2 看地图，找到哈尔滨　Find Harbin on the map

3 回答问题　Answer questions

(1) 哈尔滨在中国的哪边儿？
(2) 想一想那儿的天气会怎么样？
(3) 如果去那儿旅游，什么时候最好？

生词 Shēngcí / New words

1.	家乡	jiāxiāng	名	hometown	고향	故郷
2.	雪	xuě	名	snow	눈	雪
3.	特别	tèbié	形、副	special; specially	특별하다 특히	特別
4.	房子	fángzi	名	house	집	部屋
5.	像	xiàng	动	resemble, be like	닮다	まるで~のようだ
6.	季(节)	jì(jié)	名	season	계절	季(節)
7.	冬天	dōngtiān	名	winter	겨울	冬
8.	灯	dēng	名	lamp, light	등, 등불	ランプ
9.	冰灯	bīngdēng	名	ice lamp	얼음 등	氷ランプ
10.	怕	pà	动	be afraid of, fear	무서워하다, 두려워하다	怖がる・我慢できない
11.	东北	dōngběi		the north-east	동북(지역)	東北
12.	零下	líng xià		below zero	영하	零下
13.	度	dù	量	degree	도	度
14.	暖和	nuǎnhuo	形	warm	따뜻하다	暖かい
15.	夏天	xiàtiān	名	summer	여름	夏
16.	热闹	rènao	形	bustling	번화하다, 왁자지껄하다	賑やか
17.	山区	shānqū	名	mountain area	산간 지대	山間部

第四十课 冬天去最好

18. 环境	huánjìng	名	environment	환경	環境
19. 哈尔滨	Hā'ěrbīn		[name of a city]	하얼빈(도시)	ハルビン
20. 俄罗斯	Éluósī		Russia	러시아	ロシア

Jùzi 句子 Sentences

1. Wǒ de jiāxiāng chángcháng xià xuě.
   我的家乡常常下雪。

2. Xuě xià de hěn dà.
   雪下得很大。

3. Wǒ de jiāxiāng chángcháng xià xuě, xià de hěn dà.
   我的家乡常常下雪，下得很大。

Duìhuà 对话 Dialogs

Huáng Jiājiā: Nǐ qùguo Hā'ěrbīn méiyǒu? Tīngshuō nàr hěn tèbié.
黄 佳佳：你去过哈尔滨没有？听说 那儿 很 特别。

Lǐ Yáng: Duì, Hā'ěrbīn hé Zhōngguó qítā chéngshì bù yíyàng, yǒu
李 阳：对，哈尔滨和 中国 其他 城市 不 一样，有

diǎnr xiàng Éluósī. Nàr yǒu hěn duō hěn piàoliang de lǎo
点儿 像 俄罗斯。那儿 有 很 多 很 漂亮 的 老

fángzi.
房子。

黄 佳佳：我想去哈尔滨，哪个季节去最好？

李 阳：一年四季都可以去，不过冬天最好，因为那个时候可以看冰灯。你怕不怕冷？

黄 佳佳：不太怕。你为什么这么问？

李 阳：哈尔滨在东北，最冷的时候有零下40多度呢。

黄 佳佳：天啊！我不去了。

李 阳：没关系，外边儿冷，可是房间里很暖和。

芳 子：我的家乡冬天也这么冷，常常下雪，下得很大。

李 阳：听说雪有两米高，是吗？

芳 子：对。我们那儿冬天比夏天热闹得多。山区环境好，空气特别干净。很多人新年前后都去那儿玩儿。

第四十课 冬天去最好

根据对话内容回答问题 Answer questions according to the dialog

（1）为什么黄佳佳不想去哈尔滨了？

（2）芳子的家乡怎么样？

  Exercises

1. 语音 Phonetic practice

（1）韵母　The finals

　　e　：热闹　　特别　　俄罗斯　　我和你

　　ing：一定　　零下　　环境　　　干净

　　eng：风景　　城市　　冰灯　　　天气冷

　　ie　：特别　　季节　　了解　　　逛街

（2）轻音/重音　Accentual and unaccentual words

* "模仿造句"第（1）组中的"呢"重读。

  "呢" should be stressed in the first group of sentences of exercise 2(1).

* "模仿造句"第（2）组中的"这"重读。

  "这" should be stressed in the second group of sentences of exercise2(2).

（3）断句　Pause

* 北京/下了/很大很大的/雪。

  丽莎/买了/很多很多的/衣服。

* 我们学校/跟花园/一样美。

  他的汉语/跟中国人/一样好。

* 我的家乡/冬天/也很冷。

  我们国家/今年/非常热。

2. 模仿造句　Imitation

(1) 最冷的时候零下40度呢。
　　她买了七件衣服呢。
　　我等了你两个小时呢。

　　_____

(2) 我的家乡冬天也这么冷。
　　水果这么贵，我不买了。
　　我不知道路这么远。

　　_____

(3) 我们那儿冬天比夏天热闹得多。
　　芳子比她哥哥热情一点儿。
　　哈利说话比金大永快得多。

　　_____

3. 完成对话　Complete the following dialogs

(1) A：城市和山区，住在哪儿比较好？
　　B：我觉得_____。（比）
　　A：如果要看风景_____。

(2) A：你的家乡在哪儿？
　　B：在_____。
　　A：那儿风景怎么样？
　　B：很美，_____。（像）

第四十课 冬天去最好

（3）A：明天可能35度。

B：啊？_____。（这么）

A：空调修好了没有？

B：_____。

（4）A：你是哪儿的人？

B：我家在_____。欢迎你去玩儿。

A：坐汽车能到吗？

B：_____。

4. 回答问题 Answer the following questions

（1）你去过山区吗？你觉得住在山区怎么样？

（2）你喜欢去山区还是去海边旅游？

（3）你的家乡环境好吗？空气干净不干净？

5. 活动 Activities

（1）根据对话内容介绍一下儿哈尔滨。

Introduce Harbin according to the dialog.

（2）看看下面的词语，并回答问题。

Answer questions with the words below.

春天（chūntiān, spring）　　　夏天

秋天（qiūtiān, autumn）　　　冬天

问题：哪个季节去哈尔滨最好？为什么？

（3）说说你家乡的四季。 Talk about the four seasons in your hometown.

每个季节的风景怎么样？有没有特别的树和花儿？每个季节大家常常做什么事？

(4) 打电话12121或者看电视了解天气。Call 12121 or watch TV for weather forecast.

明天天气怎么样？最高几度？最低几度？

(5) 讨论。Discuss.

为什么大城市的空气不太干净？我们应该怎么做？

中国行政区划图

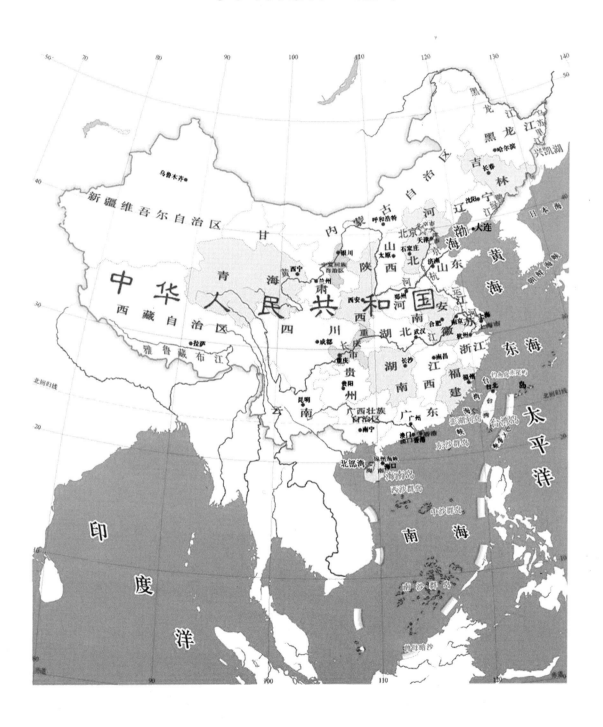

生词总表

A

阿姨	32
啊	23
哎呀	25
哎哟	38
爱	24

B

八	3
吧	2/23
把	28
爸爸	7
白色	22
百	10
班	3
办	39
办法	37
办公室	4
半	16
半天	34
帮(助)	24
包	21
包子	18
饱	29
杯	20
杯子	20
北	26
北京	13
北龙饭店	29
本	5
本子	5
比	36
比较	19
比赛	36
笔	10
边(儿)	9
便宜	19
表演	35
别	16
别…了	16
别人	36
宾馆	19
冰	20
冰灯	40
冰淇淋	6
兵马俑	33
病	38
博物馆	26
不	3
不错	22
不但…而且	34
不过	27
不好意思	38
不客气	4
不用	28

C

才	27
菜	21
菜单	29
参观	26
餐厅	14
茶	17
长	26
尝	17
常常	23
场	36
唱	35
超市	11
城市	33
橙汁	10
橙子	10
吃	6
吃不完	21
吃饭	12
迟到	16
出发	16
出口	26
出门	39
出去	26
出租(汽车)	30
穿	22

窗	38	导游	15	东北	40	番茄炒蛋	21
床	16	到	9/29	东西	11	方便	23
吹	27	得(de)	30	冬天	40	芳子	4
次	21	的	4	懂	26	房间	8
从	9	得(děi)	33	动	35	房子	40
错	22	灯	40	都	11	放	28
		登机	31	读	37	放假	19
D		登机口	31	堵车	26	飞	31
打包	21	等	20	肚子	20	飞机	31
打电话	13	地	25	度	40	分	10/15
打球	12	地方	14	短	27	分钟	26
打算	13	地铁	9	对	17/33	风	38
大	8	地图	5	多	22/37	风景	34
大概	27	第一	21	多少	5	付	22
大家	37	点（钟）	15			复习	37
大学	7	电话	8	**E**			
大衣	39	电脑	31	俄罗斯	40	**G**	
带	24	电视	34	饿	21	该…了	36
袋儿	28	电影	35	二	3	干	27
蛋	12	顶	34			干净	38
蛋糕	12	订	19	**F**		赶快	35
当然	28	丢	39	发票	30	感	33
刀子	31			法国	2	感冒	38
				发型	27		

刚(刚)	36	贵姓	1	盒	23	或者	14
刚才	32	国	2	盒子	12		
高	34	国家	25	黑色	22	**J**	
高兴	24	过	33/37	很	7	机场	13
告诉	19			红(色)	17	极	34
哥哥	23	**H**		后	9	几	13
歌	35	哈尔滨	40	后天	15	季(节)	40
个	3	哈利	1	护照	31	家	7
给	12/13	还	10/16	花儿	32	家人	23
跟	16	还是	14	花园	14	家乡	40
更	25	海	34	华人	2	架子	22
工作	23	韩元	10	画画儿	24	检查	30
公园	39	汉语	7	话	37	剪	27
够	33	杭州	14	坏	38	见面	20
古老	33	好	2	欢迎	24	件	22
挂	28	好吃	21	环境	40	饺子	29
关	38	好喝	17	换	10	叫	1
罐	10	好听	35	黄佳佳	2	教	36
罐子	10	好像	36	黄山	34	教室	4
广东	29	好又多	11	回	16	接	13
逛	28	号	8	回来	18	街	28
柜子	28	号码	8	会	12/15	介绍	24
贵	6	喝	6	会…的	12	斤	32
		和	5			今天	12

金大永	1	可乐	6	篮球	12	楼	4/8
进	8	可能	26	老师	1	楼下	29
进步	37	可是	19	累	25	路	9/11
近	29	可以	10	冷	25	路口	9
精彩	35	渴	28	离	23	旅游	14
景点	33	客气	28	梨	32	旅游团	19
警察	39	课	4	礼物	28	绿（色）	17
九	3	空	29	李阳	5		
酒	20	空调	38	里	11	**M**	
就	24/27	空儿	13	里边儿	18	妈妈	7
觉得	17	空气	25	丽莎	1	麻烦	19
		口袋	39	练习	15	玛丽亚	35
K		口语	4	凉拌黄瓜	21	吗	6
咖啡	17	裤子	36	两	5	买	6
咖啡厅	28	块	5	辆	35	卖	11
开	26	快	30	聊天（儿）	24	慢	37
开不动	35	筷子	29	了	10/11	忙	23
开车	35			了解	33	毛	5
开会	35	**L**		淋	38	帽子	30
开始	17	辣	21	零	4	没错	33
看	5	辣椒	21	零下	40	没关系	21
看不懂	26	辣子鸡	21	六	3	没问题	18
看见	26	来	13	龙井茶	17	没意思	15
考试	37	蓝色	22			没有	6

		27	南京路	32	排	35	钱	5
美	34	难		37	旁边（儿）	11	钱包	39
美国	2	能		21	胖	36	茄子	18
美元	10	嗯		17	跑步	36	青岛	20
门	20	你		1	陪	23	轻	28
门口	20	你好		2	朋友	7	清楚	35
们	4	你看		27	啤酒	20	请	8
迷路	39	你们		4	漂亮	18	请假	13
米	34	你呢		7	票	19	请进	8
（米）饭	12	年		27	乒乓球	36	请客	12
免费	26	年级		7	平安	31	请问	9
面包	32	您		1	苹果	38	取	18
名字	1	您好		1	瓶	6	去	4
明天	13	牛奶		32			去年	33
N		牛肉		21	七	3	**R**	
拿	30	努力		37	其他	30	让	32
哪	2	女		8	骑	39	热	20
哪儿	4	暖和		40	（汽）车	11	热闹	40
那	6/33	**O**			起床	16	热情	29
那儿	8	哦		13	千	10	人	2
那就好	24	**P**			铅笔	10	人民币	10
男	8	爬		34	前	9	人民广场	9
南	29	怕		40	前面	30	认识	7

认真	37	食堂	14	苏州	14	条	32		
容易	37	事儿	13	宿舍	8	铁板牛肉	21		
如果	26	试	22	酸	32/34	听	14		
S		试衣间	22	酸奶	32	听说	14		
三	3	是	2	虽然	30	停	25		
散步	24	是的	5	随便	33	同屋	24		
山	34	手机	26	随身	31	同学	7		
山区	40	首都	33	所以	15	头	27		
商店	6	书	5	**T**		头发	27		
上	12	叔叔	32	他	1	腿	34		
上次	32	舒服	20	它	31	托运	31		
上个星期	18	束	32	她	2	**W**			
上海	5	双	29	太…了	6	外	14		
上课	4	谁	7	太阳	25	外地	33		
身（体）	31	水	11	汤	29	外国	15		
生活	24	水果	11	唐华	1	完	20		
生日	12	睡觉	16	特别	40	玩儿	7		
师傅	30	睡着	25	疼	34	晚饭	20		
湿	38	说	14	踢	36	晚上	19		
十	3	丝绸	28	体育馆	35	碗	29		
什么	1	丝巾	32	天	13	万	10		
时候	16	四月	3	天啊	37	网师园	16		
时间	26	送	12/30	天气	25	往	9		

		30	下午	19	行李	31	一起	13
为什么	19	下雨	25	姓	1	一下儿	24
位	24	夏天	40	休息	15	一样	34
味道	39	先	16	学（习）	7	衣服	22
喂	19	先生	10	学生	2	医生	38
文化	33	现在	16	学校	11	医院	38
问	9	香	17	雪	40	已经	23
问题	18	箱子	30			以后	19
我	1	想	12/23	**Y**		以前	29
我们	4	像	40	颜色	22	意思	15
五	3	小	21	演唱会	35	因为	19
午饭	14	小吃	33	样儿	27	饮料	17
		小姐	10	样子	22	印度尼西亚(印尼)	2
X		小时	27	药	38		
西安	33	笑	18	要	5	应该	17
西湖	14	些	15	也	6	英语	7
习惯	25	鞋	25	叶	4	迎客松	34
洗	18	写	32	一	3	赢	36
洗手间	8	谢谢	4	(一)点儿	15	油	29
喜欢	6	新	24	一边…一边…	39	游泳	36
下	12	兴趣	33	一定	22	有	6
下车	16	星期	18	一共	31	有点儿	21
下次	29	行	11	一会儿	20	有名	14
下课	11			一路平安	27		

有时候	24	怎么	9/17	只	17	自己	19
有意思	15	怎么样	14	纸	38	自行车	39
又	20	站	9/18	纸巾	38	总是	36
又…又…	22	张	5	中国	2	走	9/25
右	9	着急	30	中号	22	走路	29
雨伞	25	找	21	中间	18	租	39
远	23	照片儿	7	中午	14	足球	36
月	12	照相	18	钟	15	最	17
运动	24	着	31	种	17	最近	37
		这	2	重	28	昨天	14
Z							
再	18	这儿	8	猪肉	21	左	9
再见	11	这么	28	住	8	坐	8
在	3	这样	39	注意	39	坐车	11
早饭	16	真	23	转	9	座	34
早上	15	正	32	桌子	21	做	15
早上好	16	支	10	着急	30		

289